ELOGIOS A HÉCATE: A DEUSA DAS BRUXAS

"Com a percepção crescendo a partir de raízes na história e na tradição bem como uma voz sem medo de compartilhar experiências pessoais, Courtney Weber usa essas chaves para abrir o portal em direção ao mistério que é Hécate. Ela é uma excelente guia para ajudar os leitores e as leitoras a desenvolverem seu próprio relacionamento com a Deusa das Bruxas, pois compartilha sua própria e bela jornada com Hécate."

– Christopher Penczak, cofundador do Templo de Bruxaria e autor do livro *The Mighty Dead* e *The Outer Temple of Witchcraft*.

"Hécate é uma deusa cuja interação com os humanos se estende por muitos séculos, muitas culturas e nações. Ela é tanto o centro como a circunferência, o cruzamento entre a liminaridade e a alma do mundo, e, apesar de uma miríade de epítetos, ela não está contida em nenhum nome. É ousado e arriscado tentar descrevê-la em um livro. Fazer isso é convidá-la para uma minuciosa investigação. Depois de ler *Hécate: A Deusa das Bruxas*, de Courtney Weber, acredito que a leitura agradaria à própria Hécate. Este livro é prof erudito, prático, divertido, sóbrio e constitui um convite sincero àqueles que procuram Hécate. É um livro para bruxas, para quem quer ser bruxa e para quem tenta encontrar o caminho de volta à sua magia. É um livro que não diz o que fazer, mas, assim como Hécate, acende uma tocha que proporciona as chaves, levando o leitor para o exterior, a fim de que encontre seu próprio caminho."

– Ivo Dominguez Jr., autor de
The Four Elements of the Wise and Spirit Speak.

"Hécate é o cruzamento perfeito, um encontro de três caminhos diferentes: o histórico, o mitológico e o mágico. Courtney Weber preserva a rica e muitas vezes confusa história dessa divindade complexa, multifacetada e reconhecida por uma infinidade de nomes, ao mesmo tempo que é incorporada à moderna prática da bruxaria. Ao longo dessas páginas, você aprenderá a se conectar com à antiga Titânide, honrá-la e fazer pedidos a ela – que carrega a tocha da bruxaria –, valendo-se de feitiços e palavras comoventes que mexem com a alma."

– Mat Auryn, autor de *Psychic Witch.*

"Courtney Weber produziu Hécate de maneira adorável, sem se limitar a um mero debate sobre a Deusa das Bruxas. Ela também fala sobre o que sua adoração implica e como seu culto é gratificante. O livro apresenta as palavras tanto das sacerdotisas modernas quanto de fontes antigas. Hécate é encontrada em espaços liminares: se ouvir o chamado da tocha, da chave, do cão ou da lua, você aprenderá, com essas páginas, a responder a esse chamado."

– AMY BLACKTHORN, sacerdotisa de Hécate e autora de *Blackthorn's Botanical Magic*.

HÉCATE

*Origens, Mitos, Lendas e Rituais da
Antiga Deusa das Encruzilhadas*

Courtney Weber

HÉCATE

*Origens, Mitos, Lendas e Rituais da
Antiga Deusa das Encruzilhadas*

Tradução
Profa. Dra. Sandra Trabucco Valenzuela

Editora Pensamento
SÃO PAULO

Título do original: *Hekate – Goddess of Witches*.
Copyright © 2021 Courtney Weber.
Publicado mediante acordo com Red Wheel Weiser, Llc, através da Yanez, parte da International Editors´Co. S.L. Literary Agency
Copyright da edição brasileira © 2023 Editora Pensamento-Cultrix Ltda.
1ª edição 2023.
2ª reimpressão 2024.

Todos os direitos reservados. Nenhuma parte deste livro pode ser reproduzida ou usada de qualquer forma ou por qualquer meio, eletrônico ou mecânico, inclusive fotocópias, gravações ou sistema de armazenamento em banco de dados, sem permissão por escrito, exceto nos casos de trechos curtos citados em resenhas críticas ou artigos de revista.

A Editora Pensamento não se responsabiliza por eventuais mudanças ocorridas nos endereços convencionais ou eletrônicos citados neste livro.

Editor: Adilson Silva Ramachandra
Gerente editorial: Roseli de S. Ferraz
Preparação de originais: Karina Gercke
Gerente de produção editorial: Indiara Faria Kayo
Editoração eletrônica: Join Bureau
Revisão: Ana Lucia Gonçalves

Dados Internacionais de Catalogação na Publicação (CIP)
(Câmara Brasileira do Livro, SP, Brasil)

Weber, Courtney
    Hécate, a deusa das bruxas: origens, mitos, lendas e rituais da antiga deusa das encruzilhadas / Courtney Weber; tradução Sandra Trabucco Valenzuela. – 1. ed. – São Paulo: Editora Pensamento, 2023.

   Título original: Hekate: goddess of witches
   Bibliografia.
   ISBN 978-85-315-2280-2

   1. Esoterismo 2. Hécate (Divindade grega) 3. Mitologia grega 4. Paganismo 5. Rituais I. Título.

23-149468   CDD-202.11

Índices para catálogo sistemático:
1. Divindades e lendas: Mitologia 202.11
Eliane de Freitas Leite – Bibliotecária – CRB 8/8415

Direitos de tradução para o Brasil adquiridos com exclusividade pela
EDITORA PENSAMENTO-CULTRIX LTDA., que se reserva a
propriedade literária desta tradução.
Rua Dr. Mário Vicente, 368 – 04270-000 – São Paulo – SP – Fone: (11) 2066-9000
http://www.editorapensamento.com.br
E-mail: atendimento@editorapensamento.com.br
Foi feito o depósito legal.

"Hekate", por Laura Tempest Zakroff

Para Sarah, Tamrha e Wilson:
minhas chaves para Hécate.

*Pois até hoje, sempre que qualquer um dos homens na terra
oferece ricos sacrifícios e evoca por favores de acordo com o costume,
ele recorre a Hécate. Uma grande honra vem facilmente a ele,
cujas invocações são favoravelmente recebidas pela deusa, e ela lhe concede
riqueza, pois, com certeza, o poder está com ela.*

— Hesíodo, 700 aec[1]

---

[1] Epígrafe. Hesíodo. *Hesiod, the Homeric Hymns, and Homerica*. Tradução de Hugh G. Evelyn-White. Nova York: Macmillan, 1914.

SUMÁRIO

CAPÍTULO 1 Encontrando Hécate 17
    Quem é Hécate? 21
    A história de Hécate 28
    Ser uma Bruxa hoje 30
    Como usar este livro 34
    Conectando-se com uma deusa 35
    Três rituais para conhecer Hécate 38
    Estabelecendo a relação 43

CAPÍTULO 2 A Bruxa da Família 45
    Os antigos e seus deuses 46
    Outros membros da família 50
    Hécate: sem cônjuge 53
    Filhos de Hécate 54
    Todas são a mesma deusa? 54
    Hécate e seus animais 57
    A Bruxa na família 62
    Encontrando Hécate dentro de si 69
    Homenageando a Bruxa de sua família 70

CAPÍTULO 3 A Portadora da Tocha: a Luz nas Trevas 73
   Hécate, Portadora da Tocha 75
   A tocha e a lua 77
   A tocha e o sol 79
   A tocha e a renovação 80
   A tocha como proteção 81
   Liderando o caminho para a cura 81
   A magia da tocha 82
   O uso da tocha por Hécate 83
   A Bruxa e a tocha 86
   A tocha da Bruxa 89
   Caminhando com a Portadora da Tocha 92
   Trabalhando com a Portadora da Tocha 95
   Encanto para atravessar as trevas 98

CAPÍTULO 4 Ritual, Mágica e as Encruzilhadas 99
   Hécate e as encruzilhadas 103
   Rituais das encruzilhadas 106
   A Bruxa e a encruzilhada 107
   A Bruxa e a encruzilhada espiritual 109
   Rituais de encruzilhada 111
   Oferendas nas encruzilhadas 114
   Fazendo magia através dos rituais 116
   Roupas para o ritual 122
   Trabalhando na encruzilhada ou em algum espaço sagrado 123
   Não olhe para trás 123

Libertar-se da necessidade de perfeição 124
　　　Abraçando Hécate nas encruzilhadas 125

CAPÍTULO 5　Deusa dos Fantasmas 129
　　　Hécate e os mortos 132
　　　Ritos de Hécate aos mortos 137
　　　Bruxaria com os mortos 140
　　　As Bruxas fazendo o trabalho 144
　　　Fantasmas vivos: lições no escuro 147
　　　Trabalhando com Hécate e seus fantasmas 152
　　　Trabalhando com Hécate e os mortos 157

CAPÍTULO 6　A Deusa Perigosa e a Bruxa Perigosa 161
　　　A Bruxa perigosa 175
　　　A Bruxa, a rebelde 178

CAPÍTULO 7　Guardiã das Chaves 185
　　　Hécate: Guardiã das Chaves 187
　　　Abrindo a porta para uma maior compreensão 193
　　　Conexão com a Detentora das Chaves 197
　　　Trabalhando com a Guardiã das Chaves 202
　　　Iniciando o trabalho 203
　　　Feitiço para abrir uma porta simbólica 204
　　　Feitiço para fechar uma porta 206
　　　Talismã para as transições 208
　　　Abrindo a porta para um novo caminho 209

Ritual para maior compreensão de
Hécate ou de outros mistérios 210
Chaves como proteção mágica 210

CAPÍTULO 8 Mãe, Mãe Nutriz e Deusa da Fertilidade 213
Hécate e Perséfone 215
Hécate: mãe e deusa da fertilidade 220
Viajando com a deusa-mãe 228

CAPÍTULO 9 O Grimório de Hécate 235
Para começar: fazer uma oferenda a Hécate 238
Ervas historicamente sagradas para Hécate 240
Invocações a Hécate 241
Desenvolvendo a capacidade básica da magia 244
Energizando-se sob a lua cheia 244
Limpando o eu da negatividade 245
Água da lua 246
Outro método de fazer água da lua 247
Feitiço da lua cheia: para o poder mágico geral,
guiado por Hécate 249
Feitiço da lua minguante: um ritual de
purificação de Hécate 250
Feitiço da lua crescente: um ritual para
promover a fertilidade 250
Feitiço da lua negra: um feitiço para
afastar a inveja 251
Dois feitiços de amor com Hécate 252
Para trazer de volta a pessoa amada 253

Para atrair um novo amor 255
Para curar um coração partido 256
Feitiços para amaldiçoar ou frustrar 257
Feitiço para frustrar um opressor 259
Feitiço para a proteção do lar 259
Proteção antes de viajar 261
Abrindo-se para a sorte 261
Feitiço para dinheiro 262

Conclusão 263
Agradecimentos 267
Referências Bibliográficas 269

CAPÍTULO 1

Encontrando Hécate

*Tríplice Hécate, tu que conheces todos os nossos esforços,
vem, para nos auxiliar nas artes da bruxaria e em todos os nossos feitiços.*
— Ovídio, Metamorfoses

Eu estava mergulhada em um verão quente e solitário quando conheci Hécate. Tinha 19 anos de idade e desesperada por sair da cidade; eu havia conseguido um estágio não remunerado em uma companhia teatral o mais longe possível, do outro lado da costa. Mas era minha primeira vez longe de casa e eu sofria com uma saudade surpreendente. No meu tempo livre, tentando preencher horas difíceis e solitárias, li meu primeiro livro de Bruxaria. Fiquei encantada. Pela primeira vez, encontrei uma palavra que me descrevia:

alguém que falava com espíritos, tinha sonhos proféticos e encontrou mais do divino no oceano do que em uma igreja. Eu era uma Bruxa. Aprendi rapidamente muitas tradições de bruxaria e desenvolvi devoção a uma deusa. Mas eu não sabia o que isso significava. Isso me assustou um pouco.

O encontro aconteceu depois de uma festa do elenco. Eu não estava me sentindo muito sociável – ao menos, não ansiava por companhia humana. Caminhei para fora, segurando um copo plástico com vinho. Não me lembro se a lua estava cheia, quarto minguante ou minguante, mas recordo que algo naquela noite escura e densa parecia diferente. Era como se a lua olhasse diretamente para mim, talvez como se estivesse esperando por mim.

Ergui meu copo de vinho para a lua e disse: "Está bem. Sou sua".

São os momentos simples que realmente nos transformam. Eu não sabia naquele instante, mas estava conhecendo Hécate – a deusa das encruzilhadas, da lua, dos espíritos, das colheitas e das Bruxas.

Quase vinte anos se passaram desde aquela noite trivial, mas poderosa, e eu, desde então, tenho honrado Hécate em rituais tanto íntimos quanto em festividades. Eu a busquei para abençoar os entes queridos já falecidos e cantei suas canções ao abreviar, sem dor, a vida de meus amados *pets* com doenças incuráveis. Rezei a ela nas primeiras horas da manhã, quando nosso novo e assustado cãozinho uivava. Eu ordenei duas sacerdotisas dedicadas a essa estranha e maravilhosa deusa, e testemunhei como ela transformou suas vidas.

Hécate é conhecida como deusa da morte, aquela que guarda as almas no submundo, cujos símbolos incluem o cão negro, o chicote e a adaga. É conhecida como a guardiã das encruzilhadas, uma deusa que ajuda aqueles que experimentam a transição. É chamada de porta-chaves ou porta-chamas, aquela que abre portas e revela segredos, uma deusa do cosmos que guarda mistérios além de nossa compreensão moderna. Está associada às profundezas do mar, às estrelas da noite e à terra fértil. É padroeira dos pais. Ela também tem sido chamada de "as três cabeças", "aquela que arma a mão com lamparinas obscuras e terríveis", "deusa das encruzilhadas", "a voz dos cães" e "a longínqua". Ela tem sido associada com o submundo e ritos místicos envolvendo sacrifícios sangrentos, justiça e criaturas vingativas.

Hécate tem sido muitas coisas ao longo de milênios, mas tanto para os devotos antigos como para os da era moderna, ela é a deusa das Bruxas.

Em minha própria jornada, Hécate constitui uma presença em segundo plano consistente – uma companhia que apreciei, mas que não dei muita importância além das devoções periódicas. Entretanto, o capítulo mais recente da minha jornada de Bruxaria envolveu uma encruzilhada.

Deixem-me dar um passo atrás.

Alguns anos depois de ter erguido aquele copo de vinho para a lua, me mudei para Nova York para seguir uma carreira teatral, mas também para perseguir minha nova espiritualidade. Foi difícil explorar a parte Bruxa recém-descoberta em mim mesma em uma comunidade que me conhecia como a católica Courtney.

Em Nova York, fui levada à sério. Se eu dizia que era uma Bruxa, ninguém ria de mim. Em uma cidade enorme e movimentada, eu podia ostentar orgulhosamente meu colar de pentagrama. Poucas pessoas pareciam se importar, mesmo aquelas que realmente apreciavam essa parte de mim. Não demorei muito tempo para encontrar muitas pessoas com ideias afins. Em poucos anos, eu estava administrando uma das maiores comunidades de Bruxaria na área dos três estados: Nova York, Nova Jersey e Connecticut. Eu estava encantada. Não só era capaz de ser a pessoa que eu queria ser, mas também tinha criado a comunidade espiritual que um dia esperava encontrar. A Bruxaria abençoou imensamente minha vida. Isso me levou a viajar e escrever, ajudando-me a manifestar um sonho de infância de ser uma escritora. Também me levou a conhecer o amor da minha vida, que é, também, um Bruxo. A Bruxaria deu um sentido e uma determinação para minha vida de uma maneira que a religião de minha juventude nunca me ofereceu.

Foi através dessa jornada de Bruxaria que conheci Hécate: uma força intimidadora, mas também uma energia reconfortante e de cura. Ela foi a deusa que inspirou algumas das Bruxas mais inteligentes e compassivas que conheci. Ela era um enigma sem fim, a cada nova história, mito ou atributo, criando uma narrativa ainda mais bela e complicada – uma história que eu nunca me cansava de ouvir. Ela convidava à brilhante interseção de culturas e práticas que formavam a comunidade de Bruxas de Nova York e que eu amava.

Dediquei dois livros a outras deusas que eu adorava, mas estava numa encruzilhada do que fazer comigo mesma.

Eu já não estava mais liderando uma comunidade. Será que era hora de escrever outro livro, mas sobre o quê? Por meio de uma série de sinais, sonhos e sincronicidade, tornou-se claro para mim: Hécate havia tocado minha vida de tantas maneiras belas e profundas que estava na hora de escrever um livro para ela.

Quem é Hécate?

Como muitas deusas do Velho Mundo, as origens de Hécate são misteriosas. Ela é comumente conhecida como uma deusa da Grécia Antiga, de um período que é geralmente entendido como abrangendo 1200 AEC a 500 EC, no entanto, ela não se originou naquele espaço. Ela pode ser originária da civilização minoica (2700-1100 AEC), ou, pelo menos, parece ter sido influenciada por deuses dessa cultura. Evidências do culto a Hécate também foram encontradas na Sicília, Líbia, Turquia, Bulgária e Síria. Um dos primeiros registros de Hécate na Trácia é de Abdera, uma colônia do século VI, localizada onde hoje é a Turquia. Acredita-se que a cidade turca de Lagina seja o lar de seu mais importante centro de culto.[1] Na Roma Antiga (800 AEC a cerca de 500 EC), ela recebeu muitos títulos complementares, incluindo "Salvadora", "Grande" e "A Mais Manifestada".[2] O primeiro a

---

[1] Stephen Ronan (org.). *The Goddess Hekate: Studies in Ancient Pagan and Christian Religion and Philosophy*, Vol. 1. Hastings, UK: Chthonios Books, 1992, p. 5.

[2] Robert Von Rudloff. *Hekate in Ancient Greek Religion*. Victoria, BC: Horned Owl Publishing, 1999, p. 52.

descrevê-la foi o poeta Hesíodo, que viveu na Grécia Antiga, entre 750 e 650 AEC, e escreveu sobre Hécate como se ela já fosse bastante familiar – não apenas para ele próprio, mas também para seus contemporâneos, sugerindo que estamos olhando para uma deusa muito antiga. Hécate é descrita nos mitos como sendo mais velha que os outros deuses e, às vezes, como procedente de um lugar distante e indeterminado.

Hécate apresenta um aspecto mutável, mas sempre presente entre os deuses gregos. Acredita-se que ela tenha sido adorada entre os deuses mais antigos do Olimpo, sendo, inclusive, equiparada até mesmo a Zeus, o rei do Olimpo.[3] Uma inscrição do período correspondente ao Império Romano (27 AEC a 476 EC) afirma que Hécate era tão poderosa que, para obter seu sacerdócio, era necessário obter o sacerdócio de Zeus.[4] Hécate é primeiramente descrita como uma Titânide, um dos grandes gigantes do universo que Zeus derrubou, porém, em vez de lutar contra Zeus, como fizeram muitos Titãs, ela se juntou a ele, ajudando-o a derrubar o velho poder para abrir espaço ao novo.

Embora não tenha se originado na Grécia Antiga, Hécate é com frequência mais associada a essa cultura e seu período.

---

[3] Sorita d'Este e David Rankine. *Hekate Liminal Rites: A Study of the Rituals, Magic and Symbols of the Torch-Bearing Triple Goddess of the Crossroads.* Londres: Avalonia, 2009, p. 15.

[4] Elicia Ann Penman. "'Toil and Trouble': Changes of Imagery to Hekate and Medea in Ovid's Metamorphoses". Trabalho de Conclusão de Curso (Bacharelado), Universidade de Queensland, 2014. Disponível em: www.academia.edu, p. 12.

Para compreender melhor Hécate, pode ser útil observar como os antigos gregos honravam seus deuses. Sua religião era uma combinação de reverência e temor pelos deuses que viviam nas alturas do Monte Olimpo. Esses deuses podiam se mostrar aos mortais, enganando-os (ou sequestrando-os), e até mesmo casando-se ou mantendo relações com eles. Os ritos religiosos desse período estavam ligados aos ciclos da colheita, da vida e da morte, todos conectados às complexas identidades dos deuses que eles adoravam. A vida religiosa na Grécia Antiga era marcada pelo mistério dos cultos, empreendidos por sacerdotes e sacerdotisas dedicados à preservação dos ritos desses deuses por meio de rituais secretos, muitos dos quais envolviam a devoção à antiga Hécate.

Hécate aparece sob muitas formas: como uma personagem singular ou como um conjunto de mulheres de três faces, às vezes com cabeças de animais. Às vezes, ela era associada a touros e descrita como se tivesse uma cabeça ou a face de um touro.[5] Quando retratadas como três deusas idênticas, as figuras comumente giravam em torno de um pilar, com o olhar focado para fora, ou permaneciam rígidas em meio às dobras de suas vestes ou, ainda, surgiam andando em círculos, distinguindo-se pelos itens que seguravam: a tocha, a tigela de libação e a fruta, tendo cães aos seus pés.[6] Na terra, ela aparece em espaços sagrados, ou onde três

---

[5] d'Este e Rankine. *Hekate Liminal Rites*, p. 37.

[6] Jacob Rabinowitz. *The Rotting Goddess: The Origin of the Witch in Classical Antiquity*. Brooklyn, NY: Autonomedia, 1998, p. 18.

estradas se encontraram, com uma coroa feita de carvalho e serpentes enroladas ao redor dos ombros.[7]

Dizia-se que, quando evocada, não se podia olhar para ela porque as pessoas poderiam ser destruídas, pois Hécate era "terrível" demais para se encarar. Ela deve fazer seu trabalho sem ser observada, pois, se vista, ela seria enviada de volta ao submundo, impedindo-a de completar sua tarefa, o que poderia levar a consequências desastrosas para a pessoa que a interrompeu.[8] Chamada à vezes de "A Senhora do Fogo Vibrante", Hécate também era conhecida como "Ártemis dos portais", que podia avançar de repente entre o barulho da perseguição, uma visão terrível para os homens verem ou ouvirem, a menos que alguém tivesse passado por seus ritos de iniciação e purificação.[9]

Seu nome pode ter a mesma raiz que *Hekatos*, uma versão masculina que significa "trabalhador a distância".[10] O nome também pode vir de *ekato*, que significa "cem".[11] Esse número pode indicar sua conexão com "hecatombes", lugares de sacrifício ritual onde a oferta tradicional era de cem bois, ou porque ela deveria possuir o poder de obrigar os fantasmas dos insepultos, que estavam condenados a vagar pela

---

[7] J. E. Lowe. "Magical Hekate", em: *The Goddess Hekate: Studies in Ancient Pagan and Christian Religion and Philosophy*, Vol. I.; organizado por Stephen Ronan. Hastings, UK: Chthonios Books, 1992, p. 11.

[8] Daniel Ogden. *Magic, Witchcraft, and Ghosts in the Greek and Roman Worlds*. Nova York: Oxford University Press, 2002, p. 87.

[9] Ogden. *Magic, Witchcraft, and Ghosts in the Greek and Roman Worlds*, p. 91.

[10] d'Este e Rankine. *Hekate Liminal Rites*, p. 34.

[11] d'Este e Rankine. *Hekate Liminal Rites*, p. 35.

terra por cem anos.¹² Alternativamente, os membros do culto Pitagórico, que acreditavam que a harmonia numérica era a base de todo o universo, honravam o número dez como sendo o mais perfeito. Dez vezes dez, isto é, cem, é o número potencialmente ligado a Hécate e sugere que ela era considerada uma deusa de grande harmonia e perfeição. Muitas vezes chamada de Hécate Tríplice, Triforme, Tríceps ou Trimorfa, esses títulos homenageavam a sua identidade tríplice. Por esse motivo, tainhas eram dadas em sacrifício a Hécate, porque elas procriam três vezes em um ano.¹³

Acreditava-se que Hécate poderia conferir o poder da profecia aos mortais e facilitar a comunicação entre a humanidade e a divindade. Portanto, Hécate também era invocada em templos de oráculos. Pensava-se que ela controlava os elementos, a paisagem, a lua e as estrelas, sendo exibida ao lado de outras divindades e adorada nos portões da cidade e nas entradas de templos reservados a outros deuses.

As imagens de Hécate exibem três mulheres idênticas, geralmente segurando três objetos diferentes. Esses objetos costumam ser uma tocha, um conjunto de chaves ou plantas como papoula ou grãos. Nos templos da era romana, ela era vista com uma tocha, um cão, um chicote e uma chave, ou com uma combinação desses itens. Era associada a fantasmas ou a pesadelos. Algumas evidências sugerem que em séculos posteriores, quando o cristianismo estava sendo estabelecido como uma concorrência séria frente ao mundo imperial,

---

[12] Lowe. "Magical Hekate", p. 12.

[13] Lowe. "Magical Hekate", p. 11.

Hécate era vista como uma representante dos cultos pagãos e a principal rival na promoção da nova religião.[14]

Em sentido literal, Hécate era a guardiã dos lugares onde três estradas se entrecruzavam. De modo simbólico, ela ajudava as almas a navegar pela encruzilhada entre o mundo dos vivos e o submundo habitado pelos mortos. Sem a ajuda de Hécate, a alma de uma pessoa falecida poderia vagar entre os mundos por toda a eternidade, sem nunca encontrar descanso. Hécate era considerada a rainha de tais almas perdidas. Interpretações posteriores diziam que ela dotou de alma o cosmos e as pessoas dentro dele, e formou a fronteira conectiva entre os mundos humano e divino – celestial e potencialmente benéfica, em vez de ctônica (pertencente às profundezas da terra) e ameaçadora.[15]

Hécate também era uma deusa da fertilidade. Ela é, às vezes, descrita como uma donzela ou virgem, mas também pode ser mais apropriado descrevê-la como solteira. Nos mitos, Hécate não tem cônjuge, mas é também uma mãe, o que implica que ela aceitou amantes masculinos em algumas ocasiões.

Deusa da vitória e do sucesso, acreditava-se que ela auxiliava agricultores, viajantes e soldados. Era também guardiã dos recém-nascidos e reverenciada como uma grande força vital cósmica, procurada por aqueles que desejassem superar o vício e alcançar a virtude. Acreditava-se que Hécate

---

[14] Rick Strelan. "'Outside Are the Dogs and the Sorcerers ...' (Revelation 22:15)", em: *Biblical Theology Bulletin* 33, nº 4, novembro de 2003, p. 152.

[15] Sarah Iles Johnston. *Hekate Soteira: A Study of Hekate's Roles in the Chaldean Oracles and Related Literature*. Atlanta, GA: Scholars Press, 1990, p. 1.

se sentava ao lado daqueles que dispensavam julgamento. Ela cuidava dos jovens e encarnava a luz do amanhecer. Por fim, guiava as almas através dos reinos da morte e, em algumas interpretações, trazia as almas de volta à vida, em uma nova encarnação.

Hécate se conectava, ao mesmo tempo, à escuridão e ao pavor, bem como ao mistério mais terrível de todos: a morte. Dizia-se que morava em tumbas ou perto do sangue de pessoas assassinadas. Era às vezes conhecida como Brimo, uma deusa assustadora cercada de fantasmas.[16] Pensava-se que ela enviava demônios e espíritos do submundo para a noite. Mas pensava-se também que Hécate permanecia na encruzilhada para ensinar feitiços e Bruxaria àqueles que a procuravam.

Assim como hoje, Hécate era uma deusa da magia bem como padroeira dos feiticeiros e das Bruxas. A Magia que ela forjou tomou muitas formas: o poder de curar ou matar, de punir e encontrar justiça, de proteger o viajante e o lar, ou de amaldiçoar o outro. Ela costumava associar-se aos elementos misteriosos e assustadores da vida, tais como fantasmas, pesadelos e a incognoscível vida após a morte. Contudo, por mais que ela atraísse o medo, Hécate também atraía a devoção fervorosa de seus seguidores.

Embora a história lhe atribua o cosmos ou os reinos frios do submundo, ela era uma deusa "de" e "para" Bruxas. Medeia, uma Feiticeira e personagem central de uma das mais conhecidas tragédias gregas, evocou Hécate repetidamente em suas histórias.

---

[16] Lowe. "Magical Hekate", p. 11.

Também observamos a história de Hécate vista como uma deusa das Bruxas quando retomamos alguns poemas gregos. Teócrito (300-260 AEC) escreveu várias obras detalhando a vida cotidiana de seus contemporâneos. Em um desses poemas, Teócrito escreve sobre uma jovem mulher chamada Simaeta, que lançou um feitiço sobre um jovem atleta. Depois de falar com bruxas profissionais, ela juntou grumos de cevada, folhas de louro, farelo, cera, vinho, leite e água. Também colheu uma erva chamada unha-de-cavalo (*Tussilago farfara* L.) e um lagarto esmagado. Usando uma roda de magia, um instrumento musical chamado aerofone e um gongo de bronze, ela rasgou uma tira do manto de seu amante e a lançou nas chamas.[17] Ela usou, então, vários encantamentos para a lua cheia e para Hécate no submundo, acreditando que Hécate estava, provavelmente, presente tanto acima quanto abaixo dela.

A história de Hécate

Embora Hécate desempenhe um papel vital em alguns dos mais conhecidos mitos gregos, ela constitui a personagem central em apenas algumas dessas histórias; por isso nem sempre é claro o quão influente ela foi como um todo. Além disso, Hécate era adorada em muitos lugares diferentes e por culturas bastante diversas. Acredita-se que sua veneração

---

[17] Georg Luck (trad.). *Arcana Mundi: Magic and the Occult in the Greek and Roman Worlds*. Baltimore, MD: Johns Hopkins University Press, 1985, p. 15.

diversificada é anterior à Grécia Antiga e, por esse motivo, torna-se difícil traçar uma conexão com um único contexto histórico e cultural.

A maior parte do que sabemos a respeito de Hécate provém de descrições de rituais e devoções dedicadas a ela, sobretudo aquelas da Grécia Antiga e de Roma, contudo, essas nos oferecem apenas uma amostra sobre quem ela era para o povo da Antiguidade. Hécate pode ter sido uma divindade doméstica honrada tanto em templos como em lares, e talvez era tão onipresente que não precisava de mitos para explicá-la. Da mesma maneira, a prática e a natureza da veneração de Hécate variavam muito de região para região. Tanto os gregos quanto os romanos eram povos que costumavam viajar. Seus próprios deuses podem ter assimilado traços dessas divindades estrangeiras. Hécate pode ter sido absorvida pela cultura grega e romana por cidadãos viajados ou ter sido trazida até eles por imigrantes de países vizinhos. Outros argumentam que Hécate não era originalmente do panteão dos deuses olímpicos, mas sim uma deusa pertencente a uma religião do folclore popular.[18] Seja qual for a verdade, a forma diversa e, por vezes, contraditória de Hécate perdurou durante milênios. Hoje, Hécate é comumente compreendida como uma deusa da lua, com uma identidade tríplice: como uma jovem donzela, uma mãe de meia-idade e uma velha senhora idosa. Essa descrição é mais recente e resultado das crenças neopagãs contemporâneas.

---

[18] Strelan. "Outside Are the Dogs and the Sorcerers", p. 152.

A evolução de Hécate teve três estágios:

Primeira fase: uma "grande deusa" oriental de atributos solares em vez de lunares.

Segunda fase: uma deusa preeminente dos fantasmas, da magia e da lua.

Terceira fase: uma deusa aterrorizante, mas também uma deusa com ênfase numa força vital cósmica, com virtudes que nutrem a alma.[19]

Frequentemente Hécate é chamada de deusa antiga, porém, seria mais correto dizer que ela é uma deusa moderna com raízes antigas. O culto moderno a Hécate tende a ser mais influenciado pela segunda e terceira fases expostas antes. Hécate extrai devoção particularmente daqueles que praticam artes da *Magia* – incluindo especialmente quem se identifica como sendo uma Bruxa.

Ser uma Bruxa hoje

Como Hécate, a Bruxa tem desfrutado de muitas transições e evolução ao longo dos séculos. Historicamente e, algumas vezes, nos dias de hoje, a palavra "Bruxa" tem sido um termo depreciativo, que traz o esconjuro através de imagens de mulheres perversas misturando ervas e fazendo poções com a

---

[19] Ronan. *The Goddess Hekate*, p. 5.

intenção de envenenar ou amaldiçoar alguém. Na medida em que o ecofeminismo foi crescendo, veio também a abrangência do poder feminino e o amor pela terra, evocando imagens de curandeiras e revolucionárias. Quando ingressei na Bruxaria pela primeira vez, no início dos anos 2000, esta sugeria, muitas vezes, um retorno às antigas religiões de seus próprios ancestrais. Hoje, uma Bruxa pode ser uma pessoa de qualquer sexo, e sua classificação é amplamente definida. À medida que mais pessoas confiam menos nas religiões de sua infância, elas começam a alimentar suas almas com ervas e cânticos, e passam a buscar orientação na chuva, na lua, no sol e nas marés.

A Bruxaria tem existido nas arestas de todas as sociedades. A avó que conseguia curar uma bronquite ou resfriado balançando um rosário sobre o peito pode ter sido Bruxa, ou o velho cego no final da estrada que narrou o destino de uma pessoa, passando o seu dedo na palma da mão. Os indivíduos nesses exemplos podem não ter se autoproclamado como Bruxos, mas seu poder era temido e reverenciado. Mesmo nesta era da tecnologia, ciência e religiões fundamentais que muitas vezes denunciam tais coisas, os videntes florescem e as lojas de Bruxaria são fáceis de encontrar. A Bruxa não está "de volta", pois a Bruxa nunca foi a lugar algum. Mas a Bruxa se tornou uma figura de destaque e, como em tempos passados, permanece ligada a Hécate.

De minha parte, aprecio o rótulo de Bruxa como sendo relacionado ao feminismo, à arte e ao ativismo, mas, pessoalmente, eu defino Bruxa como alguém que trabalha com feitiços, rituais e conexão com o espírito para gerar mudanças.

Esse é o tipo de Bruxa com quem Hécate tem historicamente compartilhado uma conexão. Há pouco material sobre Hécate que *não seja* referente à Bruxaria. Na verdade, eu não consegui separá-la da Bruxa, assim como não consegui separá-la das encruzilhadas, das chaves, das estrelas ou do cemitério.

Será que é preciso se identificar como uma Bruxa para honrar Hécate? Acredito que não. Mas assim como não Bruxos podem ocasionalmente gostar de ter uma Bruxa como amiga (você nunca sabe quando vai precisar de alguém para espantar um fantasma desagradável para fora de sua casa!), ter uma deusa das Bruxas ao seu lado pode ser benéfico.

Ao mesmo tempo, como a Bruxaria, Hécate pode se sentir destrutiva. Muitos que iniciam o caminho da Bruxaria dão meia-volta rapidamente quando os feitiços falham. Do mesmo modo, aqueles que procuram Hécate (ou qualquer divindade, na verdade) muitas vezes encontram o caos injetado em suas vidas. Quando os deuses entram em nossa vida, eles mudam as coisas de lugar. Mas as consequências e o caos são muitas vezes bênçãos difíceis – elementos dolorosos ou restritivos aos quais nos acostumamos e nos deixamos levar por eles, com o tempo, são substituídos por coisas bonitas. Essas transições podem ser duras, mas são a força vital de Hécate. Como deusa das encruzilhadas, ela guia as almas através dos espaços liminares, tanto reais quanto simbólicos.

Como Bruxa, esconder-se de Hécate é como tentar esconder-se da lua. Podemos nos esconder em nossa casa, mas a luz eventualmente encontrará seu caminho através de nossa janela. Um dos primeiros mistérios de Hécate é enfrentar nossa própria dor e a sombra, abraçá-las e amá-las enfrentando sua dureza. E então, devemos nos preparar para a mudança. Não podemos olhar para a lua uma noite e esperar que ela seja a mesma na noite seguinte. Quando trazemos Hécate para nossa vida, devemos saber que, como a lua, ela mudará os planos que nós nos delineamos.

Eu tinha um plano para este livro. Alinhei os capítulos de uma maneira que espelhasse meus outros livros, dando ao leitor a oportunidade de examinar cada aspecto da deusa por meio do contexto da cultura original que a adorava, ao mesmo tempo que os conectava com as práticas modernas. Porém, quanto mais eu tentava manter essa fórmula confortável, mais esquivo o livro se tornava. Por fim, me rendi à realidade de que este livro seria diferente. Primeiro, as origens de Hécate são muito vastas e se estendem por muitos séculos, o que dificulta olhar de maneira adequada para essas diferentes partes dela individualmente. Segundo, é difícil separar a guarda-chaves da guardiã das encruzilhadas, ou a rainha do submundo da rainha do cosmos. Dentro de cada uma dessas seções, os diversos aspectos de Hécate se sobrepõem.

Por último, sinto que Hécate simplesmente queria algo diferente.

Com tantas pessoas que hoje se identificam como Bruxas, este livro precisava ser mais do que apenas uma relação de mitos e práticas pessoais de Hécate. Enquanto estiver conhecendo todas essas coisas lendo estas páginas, você também poderá explorar o que significa ser uma Bruxa, tendo Hécate como modelo e guia. Embora não existam regras sobre quem pode ser uma Bruxa, existem certas experiências que provarão fortalecer a compreensão de ser uma Bruxa e, portanto, fortalecer a magia.

Como usar este livro

Como Hécate, este livro traça uma ponte entre o antigo e o novo. Ele explora os velhos mitos ao mesmo tempo que oferece reflexões contemporâneas sobre eles. O livro se destina tanto para pessoas iniciantes quanto para praticantes experientes. Peço que leiam este trabalho com coração e mente abertos. Esta obra é pessoal e exploratória. Respeite seu próprio tempo com ela e veja o que ela oferece a você. O que eu apresento sobre Hécate e a magia pode nem sempre ter ressonância em você. Aconselho com veemência a manter um diário enquanto explorar os tópicos deste livro, podendo assim anotar pensamentos e observações.

Cada capítulo inclui um ritual ou prática destinada a ajudar você a conhecer melhor a deusa. Se Hécate chamou você para ler este livro, Hécate já está lhe alcançando. Ela se revelará de maneira pessoal, mas a esperança aqui é que o livro proporcione um contexto. Os trabalhos de magia incluem ingredientes que são, em geral, fáceis de obter, mas, a menos que perceba o contrário, sinta-se livre para trocá-los pelo que tiver à disposição em seu próprio estoque de tesouros de magia.

Os capítulos também incluem uma mistura de histórias pessoais de devotos modernos de Hécate, assim como referências antigas a ela. Isso é intencional e pretende mostrar o quanto os aspectos de Hécate cresceram e se modificaram, mas também quantos permanecem como eram há vários milhares de anos. Assim como minhas próprias histórias e reflexões são destinadas a inspirar, e não a prescrever, também o são essas histórias. Deixe que elas afirmem e entusiasmem você, no entanto, entenda que sua própria experiência com Hécate será única.

Hécate é vasta e infinita, como o próprio universo que ela representa. Ela é a porta-chaves, a portadora da tocha. Traz a luz para a escuridão. Traz forma para o vazio. Quem ela é não poderia ser completamente detalhado em uma biblioteca inteira, muito menos em um único livro; então, lembre-se que esta obra é apenas uma parte de quem ela é – entretanto, o fato de que você está com este livro em suas mãos significa que ela está chamando você para saber mais.

Vamos começar.

Conectando-se com uma deusa

Uma das perguntas que ouço com frequência por parte das novas Bruxas ou de um aspirante a devoto de uma deusa específica é: Como saber se uma divindade nos chamou?

A boa notícia: só você pode decidir se Hécate está lhe chamando.

A má notícia: só você pode decidir se Hécate está lhe chamando.

Em algumas tradições, como as das religiões tradicionais africanas, rituais ou adivinhações específicas são exigidos por um sacerdote ou sacerdotisa iniciados dessa tradição para determinar se a divindade e o caminho estão corretos para aquele que busca. Enquanto o paganismo grego e as práticas hecateanas continuam sendo uma tradição viva, a maioria dos praticantes modernos precisará confirmar o chamado de Hécate por conta própria. A liberdade disso é que uma pessoa pode seguir suas próprias inclinações e decidir por si mesma se uma divindade está chamando por ela. Uma restrição é que ela deixa muito espaço para dúvidas sobre si mesma. É da natureza humana tentar organizar as ideias para encontrar respostas. Algumas tradições da Bruxaria contemporânea iniciaram sacerdotes ou sacerdotisas de uma divindade que podem ajudar a determinar se essa divindade está realmente tentando chamar sua atenção; contudo, mesmo assim, alguém curioso sobre Hécate acabará precisando determinar isso por conta própria.

Acredito que se pegou este livro, Hécate tem algo que deseja compartilhar com você. Será que ela quer se tornar a sua única deusa? Será que ela quer sua devoção total nesta vida? Será que ela está aparecendo apenas para uma aventura curta, mas perspicaz? Eu não posso responder a essas questões – ninguém pode. O que posso oferecer são algumas técnicas, exercícios e histórias que podem auxiliar a dar sentido às suas experiências com Hécate, ou trazer um pouco mais dela para a magia da qual você faz parte.

Muitas Bruxas mantêm um altar para Hécate, ou outra divindade, em sua própria casa. Idealmente, esse espaço é dedicado com exclusividade a uma divindade e é mantido com oferendas regulares. Deixar oferendas para um deus ou deusa é uma prática antiga. Ao fazê-lo, uma imagem ou estátua é efetivamente tratada como um ser humano. No período clássico da Grécia Antiga (500 a 400 aec), as oferendas mensais de alimentos eram colocadas diante das estatuetas de Hécate, porque a deusa precisava se alimentar.[20] Ao deixar oferendas para a deusa, você está comunicando à divindade que: primeiro, você está abrindo um caminho para um relacionamento com ela; segundo, você está designando um lugar específico onde se conectará com ela. Se você não conseguir manter um altar em sua casa, um parque próximo é um lugar encantador para encontrar a deusa (Mantenha-se em segurança.)

Muitas Bruxas modernas gostam de presentear a deusa com os sabores de uma de suas terras nativas, podendo incluir azeitonas, tâmaras ou folhas de figo recheadas. O vinho também é uma oferta popular. Entretanto, qualquer coisa que seja bela ou deliciosa é aceitável: café, chá, balas, frutas, flores. Considerando que Hécate era uma divindade do submundo, alimentos que crescem sob o solo, tais como alho ou cebola, são particularmente apropriados. Os antigos gregos sacrificavam animais para ela, sendo o cordeiro o favorito, mas também davam a Hécate parte de suas refeições regulares.

Ao fazer oferendas, não exceda seus próprios limites. Por exemplo, se estiver trabalhando para manter a sobriedade,

---

[20] Derek Collins. *Magic in the Ancient Greek World*. Malden, MA: Blackwell Publishing, 2018, p. 95.

ofereça suco em vez de álcool. Se for alérgico a alimentos que costumam ser dados à deusa, ofereça algo em substituição. Imagine que um bom amigo ou amiga, ou mesmo vizinhos estão chegando. O que você poderia oferecer-lhes? Talvez uma xícara de café e um biscoito? Isso também é uma boa oferenda para as divindades!

Se você fizer sua oferenda ao ar livre, não inclua alimentos que possam causar problemas de saúde a um animal. Nunca subestime o valor de cantar uma canção, recitar um poema ou pintar um quadro. Se seu lugar sagrado for ao ar livre, uma prática regular de coleta de lixo é uma oferenda maravilhosa.

Fazer oferendas regularmente abrirá um relacionamento com uma deusa. Recomendo incluir essa prática como parte de uma rotina antes de pedir ajuda a um deus ou deusa, ou convidá-los para a realização de algum feitiço. Atue do mesmo modo como você faria para estabelecer uma amizade com uma pessoa (almoçar com ela, talvez tomar um café de vez em quando) antes de lhe pedir um favor, porque isso é simplesmente educado!

Três rituais para conhecer Hécate

Não existe apenas uma maneira de honrar uma deusa, seja ela qual for. É melhor apresentar-se a ela seguindo uma inspiração pessoal, mas se você quiser alguma ajuda na elaboração dessa apresentação, incluo três formas diferentes de conhecer melhor Hécate. Faça as adaptações necessárias e adequadas para você. Esses rituais não são receitas: eles podem ser modificados e improvisados. Lembre-se, a Magia é um processo criativo e prospera com um toque pessoal. Certifique-se de deixar seu próprio toque em qualquer trabalho que fizer.

Alguns momentos tradicionais para entrar em contato com Hécate incluem a lua nova ou o trigésimo dia do mês. Calendários religiosos encontrados em Éfeso (uma antiga cidade grega na costa do que é hoje a Turquia) revelam que foram feitos sacrifícios a Hécate no primeiro, segundo e sétimo dias do mês, e por isso essas datas são outras opções.[21] Na magia, há muitas "melhores práticas", mas poucas são absolutas. Se você puder se comprometer a honrar Hécate em um de seus dias tradicionais, ótimo! A tradição dá força à prática da *Magia*. Mas se você não puder, é melhor se conectar com Hécate – ou com qualquer outra divindade – sempre que você se sentir capaz, em vez de não se conectar com nenhuma delas.

Descobri que a prática rotineira – não importa a rotina – dá forças à *Magia*, especialmente no início de uma relação com uma divindade. Dedicar dez minutos por noite durante o primeiro mês de trabalho com Hécate, acendendo uma vela ou oferecendo uma oração, abrirá uma maior conexão com ela do que fazer um ritual altamente elaborado, porém, esporádico. É como começar um novo namoro: inicialmente, você pode querer passar muito tempo com a outra pessoa para se conhecerem melhor; mas, uma vez estabelecido o

---

[21] Von Rudloff. *Hekate in Ancient Greek Religion*, p. 50.

relacionamento, você pode não precisar mais de tanto tempo juntos para manter uma conexão. O mesmo vale para as divindades com as quais você trabalha.

Ritual em casa

Muitas lojas de artigos esotéricos exibem estátuas de Hécate, mas se você não pode ou não quer comprar uma, imprimir uma imagem da internet também é válido. As pessoas ligadas às artes podem querer fazer um desenho dela, o que será um presente maravilhoso para a deusa. Se você comprar, imprimir ou criar sua imagem de Hécate, pode também incluir imagens ou figuras de animais que são sagrados para ela, tais como a coruja, o cão, o urso ou o cervo.

Acredita-se que os deuses gregos gostam muito de vinho, mas se você não tem ou não quer usar vinho, use suco, chá, leite ou um copo de seu refrigerante favorito, porque tudo isso é igualmente delicioso. Os deuses apreciam a autenticidade. Ofereça algo que seja autêntico para você e eles responderão à altura. Muitas vezes, ofereço as primeiras flores que se abrem em meu jardim.

Você vai precisar de:

† Três velas – uma preta, uma branca e uma prateada, ou uma combinação delas
† Uma imagem de Hécate
† Um bulbo de alho
† Uma libação

Se você mantém um altar, coloque esses objetos sobre ele. Você não precisa manter o altar montado 24 horas por dia, mas é bom para sua magia e seu relacionamento com Hécate se puder mantê-lo montado na maior parte do tempo.

Onde quer que você tenha colocado seu altar, acenda as velas e ofereça a seguinte oração:

> Senhora da encruzilhada, a guardiã da chave,
> a senhora da lua,
> Eu busco conhecê-la, eu busco ouvi-la.
> Eu estou aqui, eu estou aqui, eu estou aqui.
> Hécate Triforme, esteja comigo agora.

Sente-se em silêncio por alguns minutos. Se surgirem pensamentos, deixe-os fluir à deriva. Às vezes, as pessoas esperam uma experiência específica, pensando que as palavras da deusa devem ser barulhentas e profundas. Isso pode acontecer, entretanto, é mais frequente que o trabalho e as vozes dos deuses sejam silenciosos. Em última análise, elas virão por meio de sonhos, momentos de sincronicidade ou ainda de uma revelação ou compreensão pessoal.

Quando realizei esse rito pela primeira vez, não senti nada além de um sentimento de paz e uma surpreendente sensação de familiaridade. Entretanto, no dia seguinte, fui à biblioteca para pesquisar Hécate e recebi uma ligação de uma velha amiga com a qual não falava há anos. Ela estava em uma encruzilhada em seu relacionamento e precisava de um lugar para ficar.

Ao abrir nossa casa para nossa amiga, meu marido e eu, como Hécate, nos tornamos guardiões da encruzilhada, enquanto nossa amiga descobria qual seria o caminho a ser percorrido.

Ritual fora de casa

Do ponto de vista histórico, Hécate foi honrada através do preparo de refeições que eram deixadas nas encruzilhadas, talvez com a intenção de que pessoas famintas pudessem encontrá-las. Deixar uma oferenda alimentar em uma encruzilhada (como em um cruzamento em "T") ou em qualquer lugar que uma pessoa faminta possa encontrá-la é uma maneira de fazer esse rito. Quando eu vivia em Nova York, muitas vezes sentia que o metrô era um lugar de Hécate, visto que era literalmente subterrâneo; assim, muitas vezes, eu fazia devoções de Hécate naquele espaço. Hoje, deixo as refeições em um cruzamento perto de onde os sem-teto muitas vezes acampam.

Ao preparar os alimentos, faça a seguinte oração:

Senhora da encruzilhada, a guardiã da chave, a senhora da lua,
Eu busco conhecê-la, eu busco ouvi-la.
Eu estou aqui, eu estou aqui, eu estou aqui.
Hécate Triforme, ajude-me a ajudar.

Ritual na comunidade

Hécate gosta de animais, particularmente de cães. Uma das melhores maneiras de agradar a uma divindade é cuidar dos animais que elas amam. Considere ser voluntário em um abrigo para animais ou até mesmo dar ao seu amado *pet* de quatro patas uma guloseima muito saborosa.

Ao iniciar seu trabalho, conte a sua intenção para a deusa. Uma sugestão de encantamento é: "Pela força de vontade de seu trabalho, abro assim a porta para conhecê-la".

Estabelecendo a relação

Do mesmo modo que construir um relacionamento com uma pessoa leva tempo bem como exige conhecimento e confiança, assim acontece também ao constituir um relacionamento com um ser divino. Hécate tem sua própria maneira de fazer as coisas, e talvez você descubra que ela quer reorganizar a sua vida. Uma conhecida minha que tinha uma vida bastante confortável acabou vivenciando uma série de eventos que ocorreram logo após a sua dedicação a Hécate e que a fizeram mudar-se a milhares de quilômetros para o oeste, onde ela encontraria seu grande propósito e uma grande aventura. Outra conhecida perdeu um relacionamento de repente, mas encontrou o verdadeiro amor de sua vida quase que imediatamente. Sua história será única. Você poderia muito bem passar por uma mudança radical semelhante. Por outro lado, talvez encontre um profundo senso de paz entrando em sua vida. Quando convidei formalmente Hécate para entrar em minha casa, vi-me obrigada a enfrentar velhos fantasmas e partes de mim mesma que eu havia evitado antes.

Pessoas com as quais eu não falava há anos retornaram. Alguns desses encontros foram bastante desconfortáveis, outros alegres, mas todos foram abençoados.

Sua própria experiência pessoal será abençoada também. Abra-se a essa bênção sem se importar com a forma que ela assuma!

CAPÍTULO 2

A Bruxa da Família

Hécate – de acordo com o que acredito – não deve ser explicada ou ser completamente transparente como algumas divindades. Creio que sua essência é inexplicável: um sentimento, um gesto, o mistério da Magia. A maneira como você escolhe os materiais para os feitiços e rituais, comungando com os espíritos e seus ancestrais... todos estes atos são em nome dela. Isso, minha amiga e meu amigo, ocorre quando você está tocando em sua Bruxa interior. Talvez seja por isso que o arquétipo da Bruxa nunca tenha realmente desaparecido. Cada cultura tem mantido o seu. Os italianos as chamam de Strega, os Iorubás as chamam de Ajé. No país de origem de minha mãe, as pessoas as chamam de brujas, brujos, santigueras e curanderas. Aqui (nos Estados Unidos), nós as chamamos de Witches – Bruxas. No Espiritismo Crioulo Cubano, menciona-se um guia espiritual conhecido como La Brujita ["A Bruxinha"], sobre a qual há pouquíssima informação, porém todas têm uma. Para mim, sinto que existe uma ligação entre o Espiritismo Crioulo Cubano, Hécate e o arquétipo da Bruxa.

– WILSON JOEL RIOS, DEVOTO MODERNO DE HÉCATE

Nossas famílias nos definem, quer queiramos ou não. A família de Hécate não é exceção. Sua égide inclui as estrelas e o submundo, a lua e a terra, juntamente com um grande número de outros deuses que, às vezes, são seus pais, seus filhos ou seus irmãos. Como muitas pessoas, sua família e sua história são complicadas.

A maior parte do que sabemos sobre Hécate vem de orações devocionais poéticas, que poderiam refletir um consenso de quem ela era para aqueles que a adoravam, ou simplesmente a visão pessoal de um autor sobre ela. Tão obscura e misteriosa quanto o cosmos que ela governava, a "verdadeira" identidade antiga de Hécate é confusa e complicada. Porém, assim como uma estrela pode parecer mais brilhante quando um observador olha para outra estrela próxima a ela, em vez de diretamente para ela, você pode entender melhor Hécate, olhando para os mitos que lhe são próximos.

Os antigos e seus deuses

Embora Hécate existisse antes dos antigos gregos, é por meio deles que a influência e a interpretação da deusa chegaram até as Bruxas modernas, motivo pelo qual esse será o foco da presente seção. Talvez seja importante lembrar que esses mitos foram recolhidos em uma ampla região geográfica numa época em que a maioria das pessoas raramente viajava, com exceção dos navegadores e soldados. A ideia sobre uma deusa dentro de uma comunidade pode ser muito diferente da compreensão de pessoas que residam a oitenta quilômetros de distância. Também pode ser útil recordar que esses mitos foram preservados ao longo de vários milhares de anos. O tempo e a variedade entre as culturas podem ter revirado e deformado a árvore genealógica de Hécate. Pode ser tentador aderir a uma narrativa e ignorar as demais, talvez para acalmar uma mente lógica; entretanto, fazer isso mina a bela complexidade dessas grandes histórias. É bom escolher uma favorita, mas nunca ignorar as outras, mesmo quando elas nos confundem ou nos deixam desconfortáveis.

Os deuses são, e sempre foram, reflexos da experiência humana. A maioria das religiões modernas apresenta uma figura central de deus que é a síntese da perfeição, o que talvez reflita uma crença contemporânea de que a perfeição é até possível e as vidas são destinadas a alcançá-la. Esse nem sempre foi o caso em todas as religiões ou nos diferentes períodos. Os antigos gregos podem ter acreditado que a perfeição era possível, mas seus deuses não eram oniscientes e nem sempre estavam certos. Essas divindades eram mais como versões exageradas dos mortais. Seus feitos eram grandiosos, suas realizações mais heroicas. Seus romances eram mais apaixonados e mais devastadores. Suas virtudes eram mais profundas e seu aspecto físico mais belo, porém seus defeitos também eram maiores. Eles podiam ser magnânimos, mas também terríveis. Essas divindades, assim como os deuses pré-cristãos e suas mitologias, serviram muitas vezes como as grandes lições para a humanidade, exemplos do que fazer ou evitar. Os povos antigos oravam para esses deuses, mas em muitos casos os ritos e rituais existiam tanto para apaziguar os deuses quanto para distraí-los a fim de deixarem de interferir na vida cotidiana das pessoas.

Entre os deuses olímpicos, Hécate era considerada mais velha e mais sábia do que a maioria. Contudo, como sua mitologia oferece menos histórias, não temos tantos exemplos sobre suas ações, se ela era tão imperfeita como Zeus, tão vingativa como Hera ou tão ciumenta quanto Afrodite. No entanto, sabemos que ela desafiou os outros deuses, engajou-se numa batalha, tomou partido e ajudou a levar seu lado escolhido à vitória; mas se sua escolha se deu em razão de sua força ou retidão, não temos como saber.

Muitos membros da família de Hécate são apresentados por meio da história de Zeus derrubando os Titãs. Os Titãs eram seres semelhantes a deuses que encarnavam as maiores forças da natureza – o mar, o céu, a terra. Antes dessa derrubada, dois dos Titãs, Urano (Céu) e Gaia (Terra), se apaixonaram e, juntos, geraram muitos filhos. Um de seus filhos, Cronos (também grafado como Chronos, que representava a força destrutiva do tempo), temia o poder de seus próprios filhos e os engolia ao nascer. Para proteger a vida de seu único filho restante, a irmã e esposa de Cronos, de nome Reia, embrulhou uma pedra e deu a ele. Pensando que era seu filho menor, Cronos engoliu a pedra e Reia criou seu filho, Zeus, em segredo. Mais tarde, Zeus destituiu os Titãs e se tornou rei dos deuses. Em muitas interpretações, Hécate era tia de Zeus e, embora fosse considerada uma Titã, ajudou seu sobrinho a vencer. Ela também teria ajudado os deuses em sua guerra contra os Gigantes, raça selvagem de humanos que foram expulsos por causa de sua insolência para com os deuses, e Hécate matou um gigante chamado Clítio (ou Clytius).[1] Em outras narrativas, Hécate era uma filha de Zeus.

De acordo com o escritor grego Hesíodo, Hécate era amada, ou pelo menos respeitada, por Zeus. Embora fosse certamente honrada pelos deuses olímpicos, Hécate não residia com eles no grande Monte Olimpo. Em vez disso, preferiu uma caverna bem distante do Olimpo. Sua morada longínqua foi identificada através da tradução do nome Hécate: "a longínqua" ou "a distante". Esses títulos também podem representar atributos que ela possuía, que eram ao mesmo tempo terríveis e misteriosos.[2] Fiéis ao seu legado de vitória, a abrangência de sua proteção incluía a vitória em batalhas; o sucesso nos esportes; a ajuda a cavaleiros, marinheiros, pescadores, agricultores e pastores; além de assegurar a reprodução bem-sucedida do gado e cuidar dos recém-nascidos.

Os reinos de Hécate também incluíam lugares considerados sombrios e assustadores pelos povos antigos: as profundezas mais escuras do mar, no qual grandes monstros supostamente nadavam e marinheiros se aventuravam para além do horizonte, de onde poderiam não voltar. É possível que Zeus tenha dado a Hécate um presente bastante irônico: uma área do mundo que era abominada ou temida pelos demais deuses. Desse modo, em razão de sua idade e sabedoria, ela compreenderia melhor esses lugares misteriosos.

---

[1] William Smith (org.). *Dictionary of Greek and Roman Biography and Mythology*, Vol. 2 (Londres: John Murray, 1890), p. 264.

[2] J. E. Lowe. "Magical Hekate", em: *The Goddess Hekate: Studies in Ancient Pagan and Christian Religion and Philosophy*, Vol. I.; Stephen Ronan (org.). Hastings, UK: Chthonios Books, 1992, p. 11.

Zeus pode ter reconhecido que Hécate era a única divindade apta a reinar sobre essas áreas assustadoras, ou, talvez, até Zeus, rei dos deuses, temesse sua tia e quisesse manter-se em suas boas graças, dando-lhe um presente que ele pensou que fosse do agrado de Hécate.

Outros membros da família

Os bisavós de Hécate

A bisavó de Hécate era Gaia, cujo corpo era a grande terra silenciosa, que existia muito antes de que os humanos a pisassem. Como seu corpo era a própria terra, Gaia detinha o reino dos mortos. Apelar para que os mortos oferecessem a compreensão do presente e fizessem profecias para o futuro era uma prática comum no Velho Mundo e, assim, tanto Gaia como Hécate eram deusas oraculares, capazes de enviar mensagens ou avisos sobre o futuro para o mundo dos mortais.[3] O bisavô de Hécate era Urano, cujo nome se referia ao firmamento ou à grande extensão dos céus. Hécate também foi comparada à alma cósmica platônica, a qual pode ter vindo através de sua linhagem ancestral de céu e terra.[4]

---

[3] Sorita d'Este e David Rankine. *Hekate Liminal Rites: A Study of the Rituals, Magic and Symbols of the Torch-Bearing Triple Goddess of the Crossroads.* Londres: Avalonia, 2009, p. 25.

[4] Georg Luck (trad.). *Arcana Mundi: Magic and the Occult in the Greek and Roman Worlds.* Baltimore, MD: Johns Hopkins University Press, 1985, p. 9.

Os avós de Hécate

Urano e Gaia eram os pais de Febe. Febe era a avó materna de Hécate, que também era associada à profecia e aos oráculos. O avô materno de Hécate era o benevolente deus *Coeus* (também grafado em português como Ceos, Coios ou Céu), conhecido como o eixo do mundo[5] e associado a oráculos e profecias.[6] *Coeus* é às vezes um irmão de Zeus, que ajudou a castrar Urano.

O avô paterno de Hécate era Crio, um irmão de *Coeus*, que estava ligado ao carneiro e à constelação de Áries. Hécate também era às vezes chamada de neta de Hélio, que era a personificação do sol e da força que tudo vê.[7] Mais tarde, Hécate acuou Hélio para obter informações sobre como encontrar Perséfone. Sua avó paterna era Euríbia, que tinha domínio sobre o mar e sobre todas as forças naturais do vento e das constelações.[8]

Os pais de Hécate

Dizia-se que Hécate era a filha de Astéria e Perses. Em outras versões, Zeus e Astéria eram seus pais. Há ainda outras em que Hécate é considerada a única filha e descendente direta de Gaia, Urano e Oceanos (Terra, Céu e Mar).[9] Em uma descrição

---

[5] d'Este e Rankine, *Hekate Liminal Rites*, p. 23.
[6] d'Este e Rankine, *Hekate Liminal Rites*, p. 24.
[7] d'Este e Rankine. *Hekate Liminal Rites*, p. 29.
[8] d'Este e Rankine. *Hekate Liminal Rites*, p. 24.
[9] Robert Von Rudloff. *Hekate in Ancient Greek Religion*. Victoria, BC: Horned Owl Publishing, 1999, pp. 421-28.

mais brutal de Hécate, a deusa foi descrita como uma filha sanguinária de um rei chamado Perses, que levou Circe e Medeia até o seu tio Eetes, rei da Cólquida.[10] Em outra descrição, Hécate foi chamada simplesmente de "criança da noite".[11]

A mãe de Hécate, Astéria (que também se dizia estar associada à deusa Brizo, cujo nome significa "sono"), estava associada à adivinhação através de sonhos, ao céu estrelado, às estrelas cadentes e, possivelmente, à astrologia. Ela também era uma deusa de oráculos ligada, provavelmente, a profecias através de sonhos, que pode ter sido adorada em Delos, ilha localizada entre a Grécia e a Turquia. Embora fosse uma ilha árida, era também um importante espaço religioso. Na Antiguidade, as mulheres visitavam o lugar para buscar notícias sobre seus maridos ou filhos marinheiros. Em outro mito, Astéria dá abrigo a Leto, que, grávida de Ártemis e Apolo, não encontrava lugar para dar à luz, pois a ciumenta esposa de Zeus, Hera, havia colocado uma maldição sobre ela. Por influência de sua mãe, Hécate recebeu o poder de ter visões como oráculos, tornando-se também protetora das mulheres no parto.

Em outros relatos, Hécate é a filha de Deméter, a mãe dos grãos. Isso equipara Hécate a Perséfone, que foi tanto a jovem donzela da primavera quanto a rainha do gélido submundo da morte.[12] No mito mais famoso de Deméter,

---

[10] David Braund. *Greek Religion and Cults in the Black Sea Region: Goddesses in the Bosporan Kingdom from the Archaic Period to the Byzantine Era.* Cambridge, UK: Cambridge University Press, 2018, p. 31.

[11] Lowe. "Magical Hekate", p. 11.

[12] d'Este e Rankine. *Hekate Liminal Rites*, p. 16.

Hécate atua como tia ou madrinha, ajudando Deméter a encontrar Perséfone e sendo como uma mãe substituta para Perséfone. Outras mães de Hécate incluem Cíntia (ou Cynthia, uma deusa da lua), Ortígia (associada à codorna), Clamídia (que significa "capa"), Cinetos (associada ao cão) e Piropile (que significa "ardente"). Uma narrativa de Tessalônica diz que Hécate era a filha de Pheraia, uma recém-nascida abandonada numa encruzilhada e que foi resgatada e criada por pastores.[13]

Não sabemos que tipo de criança era Hécate, mas podemos perceber, pelo menos por meio de uma história, que ela não era particularmente obediente. Em um mito no qual Zeus é seu pai, Hécate enfurece sua mãe, Hera, roubando sua maquiagem e dando-a a Europa, uma das amantes de seu pai. Hécate foge, então, para a terra e se esconde na casa de uma mulher em trabalho de parto. Em outra história, na qual é a filha de Perses, Hécate testa venenos em estranhos no templo de Ártemis.[14]

Hécate: sem cônjuge

Hécate não era conhecida por ter se casado ou ter se unido a qualquer deus específico; com frequência ela é descrita como uma donzela ou uma virgem. Neste contexto, chamá-la

---

[13] L. R. Farnell. "Hekate's Cult", em: *The Goddess Hekate: Studies in Ancient Pagan and Christian Religion and Philosophy*, Vol. 1.; Stephen Ronan (org). Hastings, UK: Chthonios Books, 1992, p. 21.

[14] Braund. *Greek Religion and Cults in the Black Sea Region*, p. 15.

de "virgem" não significa que Hécate nunca teve relações sexuais, mas, sim, que era solteira. Em alguns casos, dizia-se que Hécate gerou descendência com alguns homens.[15] Embora tivesse parceiros ou amantes, não era especificamente conhecida por ter uma pessoa única e dedicada.

Filhos de Hécate

Antes de sua adoção pelos gregos, acredita-se que Hécate tenha sido uma deusa mãe para todos os propósitos. Ao ser adotada mais intensamente nas tradições gregas, ela passou a assumir parentes e irmãos.

Dizia-se que Hécate era a mãe de Cila (Scylla ou Skylla) que tinha o tronco e a cabeça de uma mulher, mas pernas múltiplas, que às vezes eram parte caninas e parte de peixes. Cila estava ligada à Sicília e ao Estreito de Messina, consistindo num traiçoeiro ser aquático, vinculado às artes mágicas, à sabedoria, ao conselho sábio e à prudência.[16] Ela compartilhava algumas semelhanças com a sereia e podia atrair marinheiros para a morte, representando as costas rochosas que poderiam destruir navios antes que fossem percebidas.

Todas são a mesma deusa?

Hécate é às vezes sinônimo de Ártemis, deusa da lua. Ambas podem ter representado fases diferentes da lua. Tanto Hécate

---

[15] d'Este e Rankine. *Hekate Liminal Rites*, p. 25.
[16] d'Este e Rankine. *Hekate Liminal Rites*, p. 28.

como Ártemis foram homenageadas num festival da lua cheia em abril ou maio, sugerindo que foram honradas conjuntamente como dois aspectos diferentes de uma mesma deusa.[17] Outras interpretações sugerem que elas são a mesma deusa, mas em diferentes etapas da vida, sendo Ártemis a jovem donzela e Hécate a anciã, a velha feiticeira. Pode até ser que essas duas deusas fossem aspectos de uma deusa singular de uma época anterior. Como a lua era com frequência relacionada à reprodução, acreditava-se que tanto Ártemis quanto Hécate protegiam as mulheres no parto.

Se Hécate e Ártemis são a mesma deusa, então o deus Sol Apolo poderia ser considerado irmão de Hécate, pois, muitas vezes, foi considerado irmão gêmeo de Ártemis. Tanto Hécate quanto Apolo foram creditados com a entrega de mensagens divinas, bem como compartilharam o epíteto de "distante" ou "longínquo".[18]

Como mencionado anteriormente, Hécate foi comparada a Perséfone e, outras vezes, a Deméter.[19] Hécate, a deusa mais antiga do submundo, torna-se, junto com Perséfone, a "divindade por excelência" das Bruxas.[20] Perséfone é, às vezes, ligada à trindade de Hécate, Ártemis e Selene, a deusa lunar que preside os ritos noturnos. Dizia-se que Selene governava no céu, Ártemis encarnava a luz da lua sobre a terra e Hécate, por sua vez, representava o lado escuro e misterioso da lua.

---

[17] d'Este e Rankine. *Hekate Liminal Rites*, p. 38.

[18] Luck. *Arcana Mundi*, p. 3.

[19] d'Este e Rankine. *Hekate Liminal Rites*, p. 42.

[20] Luck. *Arcana Mundi*, p. 26.

Tanto Selene quanto Hécate são descritas como tendo três faces, o que também pode se referir aos ciclos da lua crescente, cheia e minguante. Hécate também foi descrita como: "ela, que com as formas tríplices das três graças, dança, revelando-se com as estrelas".[21]

Brimo, uma deusa que às vezes formava um trio com Deméter e Perséfone, foi em alguns momentos trocada por Hécate. O nome Brimo, que pode ser traduzido como "aterrorizante", também fazia referência à deusa romana Bona Dea (a Boa Deusa), a qual estava relacionada às cobras e também à cura.[22] Além disso, Hécate era associada a uma deusa da Lídia e seu cão, pertencentes ao submundo, e cuja proteção mística incluía sacrifício sangrento, a justiça e criaturas de vingança.[23] Por fim, Hécate e Posêidon, o deus do mar, podem ter compartilhado um templo em Elêusis, no século V (EC ou antes), e podem ter estado eles próprios ligados em algumas tradições.[24]

Em outras histórias, a Górgona, uma terrível criatura mitológica representada por uma mulher com serpentes no lugar do cabelo, era capaz de transformar em pedra o homem que olhasse para ela, também conhecida como sendo a face de Hécate. Os gregos acreditavam que a Górgona mantinha fronteiras espirituais entre os diferentes reinos de existência,

---

[21] Eleni Pachoumi., *The Concepts of the Divine in the Greek Magical Papyri* (Tubingen, Alemanha: Mohr Siebeck, 2017), p. 130.

[22] d'Este e Rankine. *Hekate Liminal Rites*, p. 41.

[23] Pachoumi. *The Concepts of the Divine in the Greek Magical Papyri*, p. 130.

[24] Von Rudloff. *Hekate in Ancient Greek Religion*, p. 17.

algo que Hécate (como guardiã da chave e da encruzilhada) também fazia.[25] Tanto Hécate quanto a Górgona eram descritas como deusas tríplices, que habitavam em cavernas, no ventre da terra, mas podiam comandar os grandes reinos do céu, da terra, do submundo e do mar.

Por fim, Hécate foi associada a Baubo, uma figura cômica, com seios que parecem dois olhos arregalados e cujos genitais formam uma boca peluda. Enquanto Deméter chorava pelo desaparecimento de sua filha Perséfone, Baubo, para encorajar o sorriso de Deméter, decidiu se expor a partir do relato que estava sendo contado a Deméter. A súbita exposição dos genitais femininos por Baubo chocou Deméter, tirando-a de sua imensa dor, o que ajudou a terra a retomar sua fertilidade. Considerada sagrada e abominável, Baubo estava ligada ao humor obsceno. Seu nome evoca o "latido" de um cão de caça, outra característica que a identifica com Hécate.[26]

Hécate e seus animais

Hécate foi vigorosamente associada a vários animais diferentes. O estereótipo da Bruxa com um gato preto, uma coruja ou um morcego, consiste em um arquétipo comum, pois muitas culturas acreditavam que as Bruxas podiam controlar

---

[25] Joan Marler. "An Archaeomythological Investigation of the Gorgon", *ReVision* 25, nº 1 (2002), p. 4.

[26] Marler. "An Archaeomythological Investigation of the Gorgon", p. 6.

os animais ou entrar na mente deles, ou ainda viajar tendo como companheiros animais que permaneciam ao seu lado. Hécate não surge apenas com vários animais diferentes, mas também, em vários poemas e representações, ela apresenta cabeças ou corpos de animais. Alguns de seus animais mais sagrados costumavam ser dados em sacrifício a ela.

A seguinte lista inclui os animais considerados com frequência sagrados para Hécate.

Cabra

Em geral, como os animais com chifres guardavam relação com Hécate, a cabra pode estar entre eles. Hécate é uma padroeira especial entre os pastores. Em alguns rituais, os caprinos podem ter sido sacrificados em nome dela, podendo remeter ainda a um símbolo de fertilidade.

Cão

Os cães, especialmente os de pelagem negra, são talvez o símbolo animal mais conhecido de Hécate. Dizia-se que ela aparecia na terra acompanhada de cães de caça, cujo lamento e uivos anunciavam sua aproximação. Hécate também era conhecida como uma governante de demônios, que aparecia sob a forma canina.[27] Uma imagem encontrada em um lécito (ou *lekythos,* do século V aec) retrata Hécate como um cão

---

[27] Rick Strelan. "'Outside Are the Dogs and the Sorcerers' (Revelation 22:15)", *Biblical Theology Bulletin* 33, nº 4 (Nov. 2003), p. 155.

comendo os mortos no Hades, o que poderia destacar uma ação que se acreditava ser uma tarefa necessária entregue por uma deusa da vida e da morte, e que anda de mãos dadas.

Cavalo

O cavalo é outro aspecto de Hécate, quando ela aparece com cabeças de animais diferentes. Assim como a associação com a cabra, o cavalo pode refletir o período de proteção dos pastores de Hécate. Esse animal também pode representar uma espécie de fogo de alma, que é explorado nos *Oráculos Caldeus*, um conjunto de textos espirituais nos quais Hécate é proeminente.[28] Além disso, o cavalo pode representar um espírito demoníaco que serviu a Hécate.[29]

Cordeiro negro

Os cordeiros eram comuns na Grécia Antiga e costumavam ser sacrificados a Hécate. Os animais de pelagem negra, em particular, eram considerados sagrados para ela, por sua suposta conexão com as trevas do submundo. Em *Metamorfoses*, de Ovídio, Medeia, que era uma sacerdotisa de Hécate, sacrifica dois cordeiros negros para trazer o pai de seu marido de volta à vida.

---

[28] d'Este e Rankine. *Hekate Liminal Rites*, p. 62.
[29] Sarah Iles Johnston. *Hekate Soteira: A Study of Hekate's Roles in the Chaldean Oracles and Related Literature*. Atlanta, GA: Scholars Press, 1990, p. 123.

Coruja

Uma das muitas criaturas ligadas a Hécate é a coruja, uma ave que enxerga em meio à escuridão, a exemplo da própria portadora da tocha. A coruja também arrebata e devora silenciosamente presas vivas, relacionando-se, portanto, diretamente à morte. Foram descobertas urnas funerárias na forma de corujas, datadas de 300 AEC. No Oriente Médio, Anatólia Ocidental, região do Egeu e Europa Central, associa-se a coruja à regeneração. Como símbolo de profecia e sabedoria, a coruja tornou-se outro animal de Hécate.[30] Em razão de sua conexão com a coruja, Hécate também pode ter uma ligação distante com Atena, deusa habitualmente acompanhada por uma coruja.

Dragão

Hécate surge às vezes com a cabeça de um dragão, porém, dependendo da tradução, o significado pode ser o de uma serpente de água, o que enfatiza sua conexão tanto com as profundezas do oceano quanto com o submundo, uma vez que as serpentes estavam frequentemente conectadas com o submundo.

Leão

As imagens de Hécate costumam incluir leões sentados ao seu lado, o que pode indicar uma origem do Oriente Médio,

---

[30] Marler. "An Archaeomythological Investigation of the Gorgon", p. 8.

onde esses animais eram uma presença comum. Essa presença também pode significar um domínio sobre a terra, assim como sobre o mar e o céu. Hécate faz referência aos leões nos *Oráculos Caldeus*, sugerindo que as coisas aparecerão "em forma de leão" para aqueles que a invocam regularmente.

Serpente

Hécate revelou usar coroas feitas de serpentes, carregando e segurando-as sobre sua cintura. A imagem da serpente representa os poderes de Hécate no submundo. As serpentes sagradas são a marca de um espírito ctoniano – o termo *ctoniano* significa uma presença do submundo.[31] Como um animal que se esconde debaixo da terra, a serpente estava com frequência conectada com divindades que tinham poder sobre os mortos. A imagem de Hécate segurando as serpentes também pode sugerir uma natureza protetora.

Touro

Em algumas orações, Hécate foi descrita com chifres, tanto com cabeça de touro como com o corpo em forma desse mesmo animal. A razão disso não é clara, mas os animais com chifres podem sugerir poderes de fertilidade.

❖ ❖ ❖

---

[31] W. K. C. Guthrie. *The Greeks and Their Gods.* Boston: Beacon Press, 1950, p. 228.

Hécate também é associada a animais como gato, vaca, sapo, porco, ovelha e lobo. Explorar sua relação com todas essas criaturas está além do escopo deste livro. Entretanto, é importante notar a conexão geral desses animais com Hécate, pois, durante suas jornadas, ela poderia surgir assumindo essas formas – seja em sonhos ou meditações, ou ainda por meio de aparições sincronizadas com animais vivos.

A Bruxa na família

Na guerra contra os Titãs, Hécate lutou sob o acordo de que poderia manter seu papel entre os deuses como protetora da terra, do céu e do mar. Por respeito ou medo, Zeus concordou com esse acordo e permitiu que ela executasse sozinha o seu trabalho. Hécate não se sentou entre os deuses no Monte Olimpo, preferindo "sentar-se à distância" dos demais. Em razão de sua idade e origens diversas, Hécate serviu como uma ponte de um antigo regime para um novo, bem como uma ponte ligando diferentes culturas e épocas. Entretanto, se as religiões atuais são consideradas "as novas", Hécate atua como uma ponte para as antigas. Não se trata de um retrocesso, mas de uma nova vida oferecida para uma prática mais antiga. À medida que mais pessoas se identificam com espiritualidades alternativas, Hécate serve como ponte para o futuro. Esse papel voltado para o porvir é tão antigo para Hécate quanto os mitos são para nós.

Através de uma lente diferente, Hécate vem de uma égide fragmentada, com uma família em crise. Ela se rebela contra a autoridade, vive sozinha e longe do resto da família.

Herdou dons poderosos de seus antepassados e traz à luz coisas que aterrorizam os outros. Alguns de seus parentes a temem, enquanto outros a respeitam. Por sua vez, muitos parecem fingir que ela não existe de maneira alguma.

Hécate é a Bruxa estereotipada da família.

Se Hécate fosse do elenco de um filme clichê, ela poderia ser a tia esquisita, cujo passado parece um segredo de família, mas que encanta as crianças com fascinantes contos de fadas e duendes. Ela também pode ser a prima esquiva, que bloqueia toda a família nas mídias sociais, lendo secretamente o Tarô para seus primos no quarto de hóspedes, durante os encontros nas férias. Ela também pode ser a parente que ajuda o resto da família a entender as escolhas feitas pelo desajustado – seja aquele que desistiu da faculdade ou aquele que deixou o emprego de seis dígitos para perseguir um sonho arriscado. Talvez ela seja a avó excêntrica, que sabe a coisa certa a dizer durante o desgosto, a que tem poder e confiança para falar sobre as vozes mais cruéis e críticas à mesa de jantar.

Quem se identifica como Bruxa pode achar as histórias de Hécate familiares. Talvez, assim como ela, você seja vista como a pessoa esquisita da família, aquela de quem os demais riem pelas costas... Contudo, também poderia ser aquela pessoa que todos procuravam quando tinham pesadelos ou precisavam de ajuda para se livrar daquela "sensação ruim" presente na casa. Talvez você tivesse dons sensitivos, sonhos que se tornavam realidade, ou experimentasse visitas de espíritos durante a noite. A família pode ter sabido de seus dons e até ter brincado com eles de tempos em tempos, mas nunca os questionou. Talvez, tenham tentado negar fortemente seus dons ou, até mesmo, exorcizá-los de você. Quem sabe, você tenha sido até evitada por causa de seu dom. Outras Bruxas que conheci provêm de uma linhagem de pessoas mágicas, ou seus dons são aceitos e discutidos abertamente em suas famílias. Algumas afirmam que fizeram parte do lado da família que faz "aquelas coisas", enquanto o outro lado da família "não faz aquelas coisas e vai à igreja", mas que os dois lados nunca falam a respeito.

Talvez outros motivos diferenciem você de sua família. Quem sabe, você seja uma pessoa mais reservada, enquanto seus parentes são mais descolados, ou você tenha se identificado com um sexo diferente daquele que lhe foi designado ao nascer. Talvez, eles tenham lutado para aceitar as pessoas que você ama ou, ainda, assim como Hécate, você tenha se rebelado contra a ordem em que nasceu, seja uma religião, uma classe social, uma filiação política ou um sistema de preconceito. Assim como Hécate ajudou Zeus a derrubar seus próprios antepassados, a maioria das Bruxas são rebeldes de uma forma ou de outra. Muitas vezes, as circunstâncias que nos levam à rebelião são as mesmas que nos empurram para a Bruxaria. Ou, talvez, sua história seja algo completamente diferente.

Venho de uma família grande e, em sua maioria, conservadora, uma mistura de católicos e batistas do sul dos Estados Unidos. Quando criança, eu era uma cristã devota, mas também obcecada por magia, contos de fadas e filmes como *Se Minha Cama Voasse* (*Bedknobs e Broomsticks*, 1971). Eu implorava à minha prima mais velha que me contasse histórias de fantasmas – não as lendas urbanas que ouvia em festas do pijama, mas as *reais* – os encontros que ela mesma teve ou os que alguém que ela conhecia diretamente. Desenhava tabuleiros Ouija em cadernos para entrar em contato com os mortos durante as férias e lia Tarô para meus colegas da escola católica. A Bruxaria chega até nós em momentos diferentes. Algumas de nós a descobrimos jovem, mas muitas não abraçam o título até muito mais tarde na vida. O encontro com a Bruxaria não conhece idade. Ser uma Bruxa não se limita a um único sexo, etnia ou religião. As Bruxas estão em cada canto de cada fé e cultura, assumindo diferentes formas, refletindo o que é assustador e fora de alcance para a cultura dominante. Apesar de tudo, nossa Bruxaria se molda e evolui, assim como a Lua e Hécate o fazem.

Assim como Hécate, muitas Bruxas encontram conforto em algum tipo de separação. Como todas as pessoas, algumas Bruxas mantêm ótimos relacionamentos com suas famílias, enquanto outras, não. Algumas são introvertidas, outras desfrutam de muita interação social. Não importa o quanto apreciem a companhia de outras pessoas, muitas Bruxas consideram necessário períodos de sossego e gostam de preservar seu espaço. A Magia, como as profundezas do mar que Hécate governa, é imensa e precisa de tempo e espaço. Nossas experiências são intensas e geralmente precisarão de tempo para serem processadas.

Não é fácil ser a Bruxa na família. Hécate pode ter tido bons motivos para ficar longe do Olimpo. Como outras Bruxas, ela talvez tenha se sentido incompreendida e, por isso, tenha escolhido a solidão em vez de enfrentar o ridículo ou o desconforto. Muitas de nós temos sorte e encontramos comunidades de outras Bruxas, porém, mesmo dentro dessas comunidades, a solidão pode estar presente. As Bruxas são únicas e é possível sentir-se sozinha mesmo entre outras pessoas que pensam da mesma maneira. Ninguém jamais conhecerá verdadeiramente as experiências pelas quais nós passamos.

No entanto, há poder na solidão. Podemos ouvir melhor a voz do Espírito quando nossas cabeças não estão lotadas com as vozes e a presença de outros. Quando terminei de escrever este livro, meu marido estava longe e eu desliguei meus perfis nas mídias sociais. Isso ocorreu antes da Covid-19 e eu não estava acostumada a um isolamento tão duradouro; entretanto, meus sonhos eram mais vívidos, com mensagens mais reveladoras. Às vezes, permitir-nos esse tipo de espaço, quando possível, pode nos ajudar a aproveitar melhor nosso poder pessoal.

É no relacionamento com os ancestrais que se pode alcançar a magia mais poderosa. Os antepassados, sejam eles parentes consanguíneos ou amigos queridos que já faleceram, serão aliados úteis no trabalho de magia. Mesmo que sua família zombe ou insulte sua magia, você pode se surpreender com a rapidez com que os membros já falecidos de sua família ajudarão em seus esforços. Isso pode ser especialmente verdadeiro se você tiver uma família agnóstica ou ateísta, ou ainda uma família religiosa que evita fortemente associações com os mortos. O falecido pode estar faminto por atenção e conexão com os vivos. Para mim, os espíritos mais úteis são os de meus parentes falecidos – especialmente aqueles que zombaram de mim enquanto vivos. Sempre que preciso de proteção, assistência ou algo que me seja dado, eles são os espíritos que me atendem de imediato.

Isso não significa que você precisa estabelecer relacionamentos com parentes que o insultaram ou abusaram de você, seja durante a vida ou depois. Embora a morte possa proporcionar a oportunidade de perdoar uma falha ou ferida, não se deve esperar que ninguém perdoe um parente abusivo. Discutiremos melhor sobre o trabalho com os antepassados e os mortos no Capítulo 5.

Sou muitas vezes o alvo de piadas em minha família por ser "lelé" ou "esquisita". Às vezes, é engraçado. Às vezes, é irritante. Na maioria das vezes, é uma grande bênção. Ser a Bruxa na família nem sempre se trata de lançar o feitiço certo, ter a erva exata ou poder falar com fantasmas no meio da noite. Às vezes, trata-se de trazer beleza e magia para os olhos de uma criança.

Há dois verões, eu estive de férias com minha família durante a chuva de meteoros Perseidas. Fiquei acordada até tarde observando as estrelas cadentes e, na manhã seguinte, falei sobre elas ao meu sobrinho.

"Alguma voou sobre nossa casa?", perguntou ele.

"Sim", disse eu. "Elas trazem doces sonhos. Trouxeram algum sonho doce para você?"

Ele assentiu com a cabeça. Prometi que iria ver mais naquela noite e ele perguntou: "Se você vir outra, você me conta?". Eu prometi que o faria e, definitivamente, sentei-me do lado de fora naquela noite e esperei por outra. Felizmente para mim, eu vi duas. Na manhã seguinte, disse ao meu sobrinho que havia visto uma estrela cadente tanto para ele e outra para a irmã dele. Ele me respondeu que as estrelas lhe haviam trazido novamente doces sonhos.

Este foi um momento fundamental para eu entender não apenas meu papel como a Bruxa na família, mas também o papel de Hécate em sua própria família. Muitas vezes pensamos nela no submundo com os mortos e, embora isso seja verdade, ela também é influenciada pelo cosmos. Seu reino e sua família estão tanto acima quanto abaixo. Ela pode ser a chave para a compreensão de ambos. Naquele momento, com meu sobrinho, eu, como Hécate, abri a porta para a magia e suas dádivas.

É útil ter uma Bruxa na família. É útil *ser* a Bruxa da família. Pode ser um ponto de orgulho e frustração, mas é um papel importante. O que Zeus teria feito sem Hécate em sua tentativa de derrubar os Titãs? Como Deméter teria encontrado Perséfone sem Hécate? Em cada família ou comunidade, há um espaço para o esquisito e para o sobrenatural. Mesmo que essa pessoa seja um motivo de segredo, desprezo, vergonha ou até raiva há gerações, as comunidades dependem dessa pessoa que é o oráculo para a percepção do perigo ou de outras coisas. Como Hécate, a Bruxa na família é quem pode abrir a porta para o mistério e a maravilha. A magia ilumina o mundo com cor, tempero e sensação. Se não soubermos que uma estrela cadente está sobrevoando nossa casa para trazer doces sonhos, essa será apenas mais uma hora de ir para a cama.

Encontrando Hécate dentro de si

O legado de Hécate é o de uma criança rebelde; a mãe distante, mas atenta; a tia esquisita; a irmã mais velha, sábia e um tanto rabugenta; a prima que conspira com outras pessoas. Antes de abraçar as partes de Hécate, comece por honrar essas partes dentro de si mesma.

- † De quem você cuida ou nutre?
- † Você desafia o poder de quem?
- † Quem você orienta?
- † Em quem você manda?
- † Quem você ajuda, mesmo que isso signifique entrar em apuros?
- † Quando você pode se sentir completamente só, mas ainda um pouco conectada com as pessoas de sua vida?

Você pode perceber que alguns desses papéis se sobrepõem, assim como acontece no mundo de Hécate.

Os papéis se alteram, se deslocam e evoluem, às vezes até ao longo de um dia! Pergunte a uma mãe ou um pai que prepara os filhos para o dia na escola, os coloca no transporte escolar e depois se apressa para o trabalho, onde dão suporte a outra pessoa, talvez, sendo mentora ou mentor de um colega mais jovem, antes de voltar correndo para casa, mas não sem antes parar e dar assistência a um outro colega mais velho. Preste atenção aos papéis que você desempenha, porém sem julgá-los ou analisá-los.

Entre os seus papéis, qual é o mais forte no momento? Pode não ser o papel que você personifica a maior parte do tempo.

Seja qual for, convide Hécate a se juntar a você:

> Senhora das Máscaras, Rainha Górgona,
> A irmã, a filha, a mãe, a amante,
> A prima, a criança, aquela que vê,
> Aquela que observa, aquela à distância,
> Fique comigo ao meu lado neste momento,
> E eu ficarei com você.

Acenda uma única vela preta ou branca. (Usar branco ou preto é importante neste caso, porque o preto é a combinação de todas as cores e o branco é a ausência ou reflexo de todas as cores).

Comece desenhando ou escrevendo à mão livre. Não se preocupe em desenhar uma imagem maravilhosa nem se sinta obcecada com a legibilidade de sua letra. Deixe que Hécate lhe dê informações sobre seu papel e como ela se conecta com você. Não se preocupe se isso não fizer muito sentido neste momento. Muitas vezes, quando os deuses vêm até nós, nada faz muito sentido no início. Mas, com o tempo, as peças se juntam e as coisas se esclarecem.

Homenageando a Bruxa de sua família

Se ser a Bruxa na família lhe causa estresse, é útil listar as coisas que tornam você uma pessoa única dentro de sua família. Talvez você tenha talento com os animais. Talvez tenha humor em situações que todos os outros considerem desagradáveis. Quem sabe você tenha dons criativos inigualáveis entre seus parentes.

Escrever cada uma dessas coisas é uma prática útil. Você certamente pode usar folhas de papel, mas também recomendo recolher folhagens e deixá-las secar. Em seguida, use uma caneta hidrográfica para anotar cada um dos aspectos que tornam você uma pessoa única dentro de sua família.

Em seguida, anote as características que você recebeu dos membros da família e que tornam você forte ou poderosa. Assim como Hécate herdou tanto a destruição como a cura, bem como a expansão das estrelas do céu e o submundo, nós herdamos coisas de nossas próprias famílias. Talvez você tenha herdado a autodisciplina de um pai, o que é útil para se lembrar de manter uma rotina devocional. Talvez você tenha tido avós que acreditavam que os fantasmas andavam entre nós, e isso ajudará a validar as experiências que você pessoalmente teve. Talvez sua tia tenha contribuído para desenvolver sua habilidade com as plantas, e agora você cultiva um grande jardim de ervas. Essas influências familiares também não precisam ser provenientes de uma família de sangue. Os membros da família, professores ou amigos da família são absolutamente válidos. Em muitas culturas, a família adotiva era mais importante do que a de sangue.

Coloque esses dons dentro de um pote. Decore-o para refletir sua mais bela Feitiçaria. Talvez você queira cobrir o pote com imagens *vintage* de Bruxas de Hollywood. Ou talvez você só queira pintá-lo de preto. Isso é válido desde que reflita o que você é.

Na tampa superior do pote, desenhe a lua ou imprima uma imagem da lua, que você pode encontrar na internet, e prenda-a na tampa. Você poderá incluir também outros símbolos de Hécate, tais como uma chave, uma tocha ou um de seus animais. (Nota: Não sele o pote, pois você pode querer acrescentar ou retirar coisas para revê-las mais tarde).

Quando o pote estiver completo, segure-o sobre o seu coração e recite a seguinte oração em voz alta ou em sua mente:

> Hécate, a filha, a mãe, a irmã, a tia,
> Fique comigo quando o chão tremer,
> Lembre-me dos meus pés,
> Lembre-me de minha coroa.
> Uma Bruxa eu sou,
> Uma Bruxa eu serei,
> Das estrelas até a sepultura,
> E em tudo entre elas também.

Trata-se de uma afirmação e uma prática úteis para quando você estiver se sentindo fora de si, deslocada em seu papel como a Bruxa dentro da família [...] talvez especialmente antes das férias!

CAPÍTULO 3

A Portadora da Tocha: a Luz nas Trevas

Ó Deus Hélio, Ó chama sagrada da tocha que Hécate segura sozinha, a qual carrega enquanto alcança o reino do Olimpo ou retorna à terra (onde estão) as encruzilhadas, seu espaço sagrado, coroado com o carvalho e tufos tecidos com ferozes serpentes.
— Sófocles, *Rhizotomoi* ("As Cortadoras de Raiz")

Quando iniciei na Bruxaria, alguém me disse que as Bruxas nunca, jamais, deveriam invocar Hécate. Quando perguntei por que, a pessoa disse: "Não sei. Talvez porque ela seja uma deusa das trevas".

Afinal, o que significa ser uma deusa das trevas?

Se algo é descrito como sombrio por causa de sua associação com coisas que muitos acham assustadoras, tais como morte, decadência, dor, terror ou tristeza, então sim, Hécate é uma deusa das trevas. No entanto, profissionais da saúde, médicos, assistentes sociais, terapeutas, agentes funerários, bombeiros e outros funcionários públicos também trabalham com esse tipo de coisas "das trevas". Isso significa que esses são trabalhos "sombrios"? As pessoas que trabalham nessas profissões são assustadoras por princípio? Meu marido é enfermeiro de cuidados de feridas e, embora muitas pessoas achem seu trabalho inquietante, ele é uma pessoa calorosa, amigável e carinhosa, como quase todos os enfermeiros que conheci. Pessoas como meu marido são parte integrante da sociedade, uma legião que ajuda a navegar pelas partes difíceis da vida. A sociedade em que vivo não evita os trabalhadores dessas áreas simplesmente devido à natureza do trabalho. Portanto, para mim, não faz sentido evitar Hécate por causa de sua proteção das coisas incômodas, assim como não faria sentido evitar um cirurgião porque ele trabalha com sangue ou um agente funerário porque ele trabalha com os mortos.

Ao mesmo tempo, talvez em reação a um longo período de Bruxaria obcecada pela "leveza", houve uma explosão na popularidade da Bruxaria "sombria": uma espécie inspirada por coisas mais assustadoras, roupas escuras, bruxas más ou coisas assim. Isso também pode ser uma reação a um temor generalizado que se apodera de nosso mundo atual, seja provocado por um desastre ecológico ou pelo aumento global do fascismo. Podemos sentir uma atração inconscientemente por aquilo que é assustador, porque nós estamos com medo.

Isso certamente ocupa seu lugar. A Bruxaria tem sido responsabilizada pela derrubada de pessoas opressivas ou mesmo de governos, desde tempos imemoriais. As Bruxas sempre usaram sua magia para rechaçar os opressores. Mas as trevas perdem significado quando se tornam "lanugem escura", que é uma tendência a se deleitar com coisas consideradas "sombrias", em razão de seu valor de choque ou sensualidade. Nesse caso, as pessoas poderiam ser atraídas por Hécate por causa de sua reputação tenebrosa, sem refletir sobre o que esse rótulo realmente significa, ou sobre o que uma relação com apenas a porção sombria de uma deusa poderia realmente expressar. Isso cria uma Bruxaria tão superficial e sem sentido quanto o tipo de Bruxaria que se concentra apenas nas partes iluminadas e felizes da vida.

Uma lição de Hécate, particularmente em seu aspecto de portadora da tocha, é que o verdadeiro poder vem de abraçar todos os lados, em oposição a escolher pontos focais baseados na preferência pessoal de alguém. Quando observamos mais de perto o papel desempenhado por Hécate nos mitos e rituais, muitas vezes a encontramos sem desfrutar dos espaços escuros que ela habita, e sim trazendo luz para eles. Esse fato também pode nos dar uma visão mais profunda do papel ocupado pela Bruxa no mundo de hoje.

Hécate, Portadora da Tocha

A tocha ardente é um dos traços identificadores de Hécate, e um dos mais antigos. A conexão com a tocha foi mencionada pela primeira vez no "Hino de Homero a Deméter", escrito por volta de 500-600 AEC. Quando Deméter estava de luto por Perséfone, sua filha desaparecida, e busca a ajuda dos deuses olimpianos, somente Hécate se dispõe a colaborar. Dez dias após o desaparecimento de Perséfone, Hécate vem até Deméter segurando "uma luz acesa em suas mãos" – uma tocha.[1] Hécate confessa a Deméter que ouviu Perséfone chorando, mas ela não viu para onde ela foi. Juntas, com as tochas de Hécate em chamas, começam a procurar pela jovem desaparecida.

Deméter estava em crise, mas sua situação espantava ou aborrecia seus amigos e parentes. Hécate não era a única que sabia para onde Perséfone tinha ido. (Na seção seguinte, constataremos que Hélio, deus do sol, sabia onde estava a jovem donzela o tempo todo). Era Hécate quem estava disposta a se aventurar nas assustadoras profundezas do Hades para resgatar Perséfone. Guiada por suas tochas, Hécate ajudou outra alma a atravessar a escuridão.

A tocha constitui um dos principais símbolos de Hécate e uma das principais formas de identificá-la nas obras de arte da Antiguidade. A identidade de Hécate como portadora de tocha é, provavelmente, anterior até mesmo à sua devoção na Grécia Antiga. Tanto Hécate como Ártemis, a deusa da lua, são chamadas de portadoras de tochas, ou portadoras da luz, um título muitas vezes ligado à lua.[2] O nome de Hécate também está, muitas vezes, ligado ao fogo. Ela é chamada de

---

[1] Gregory Nagy (trad.). "Homeric Hymn to Demeter". Disponível em: www.uh.edu

[2] Carol M. Mooney. *Hekate: Her Role and Character in Greek Literature from before the Fifth Century B.C.*, Tese de Doutorado, McMaster University, 1971, p. 22.

Fósforo, que significa "portadora da luz", assim como Daidoukos ("portadora da tocha"), Purphoros ("respiração de fogo") e Puripnon ("respiradora de fogo"), e dizem que ela possui uma chama inextinguível em seus três cestos.[3]

As tochas representam o papel de Hécate no submundo, mas também sublinham seu papel no cosmos, pois a tocha simbolizava a lua.

A tocha e a lua

Assim como uma tocha traz luz para o espaço sombrio, a lua traz a luz para o céu escuro. Recordando que Zeus deu a Hécate o domínio não só da terra e do mar, mas também dos céus estrelados, ela está para sempre ligada à luz e ao fogo dos corpos celestes – e da lua em particular. Acredita-se que essa imagem dela como protetora dos céus alimentou sua crescente identidade lunar e suas associações com outras divindades lunares, como Ártemis e Selene.[4] Um encantamento de um papiro mágico grego se refere a Hécate, Ártemis e Selene e se relaciona tanto ao céu estrelado quanto às tochas flamejantes:

> ...brilho noturno / som tríplice,
> :
> Portadora de luz, brilho e claridade...

---

[3] Randy P. Conner. "Come, Hekate, I Call You to My Sacred Chants". Disponível em: www.academia.edu; p. 3.

[4] Conner. "Come, Hekate", p. 3.

curso das estreladas, celestialmente, portadora da tocha, respiradora do fogo,/

:

Dê-me sua atenção, Senhora, peço-lhe.⁵

Na cultura grega, a lua era com frequência imaginada como uma deusa e como uma musa.⁶ Hécate, que era associada à lua, era chamada de *amoibousa*: "a que muda" ou "aquela que produz mudanças".⁷ Hécate também foi descrita como "a Vênus mais antiga", a mãe múltipla "a quem meus poemas vão, como escadas desenhadas", sugerindo que Hécate, como corporificada pela lua, era uma fonte de inspiração criativa.⁸

Argumenta-se, às vezes, que Hécate não estava associada à lua até o período romano, o que significa que essa relação com a lua foi uma adição relativamente tardia à mitologia de Hécate. De qualquer maneira, seu legado de ser uma deusa dos céus ajudou a consagrá-la como padroeira do céu noturno, o que também a creditou com influência sobre a terra. Divindades e heróis ligados à lua e ciclos agrícolas foram um modelo sagrado para toda a existência, um símbolo da promessa de que tudo o que morre pode voltar à vida, assim

---

[5] Conner. "Come, Hekate", p. 3.

[6] Geoffrey Miles. "Ramfeezled Hizzies and Arachnoid Hags: Baxter, Burns, and the Muse", em: *Journal of New Zealand Literature* 30, 2012, p. 86

[7] Attilio Mastrocinque. *Kronos, Shiva & Asklepios: Studies in Magical Gems and Religions of the Roman Empire*. Filadélfia: American Philosophical Society, 2011, p. 116.

[8] Miles. "Ramfeezled Hizzies and Arachnoid Hags", p. 87.

como as sementes enterradas.⁹ Se a escuridão da caverna ou do submundo é simbolizada pelo céu noturno, a tocha de Hécate pode ter representado a própria lua. A lua, que governou os ciclos de plantio para os povos antigos e inspirou os primeiros calendários, foi parte integrante do planejamento e da colheita. Essa fonte de luz foi, portanto, a força motriz para a forja de uma nova vida. Acredita-se também que a lua às vezes simboliza a tocha de Hécate na noite em que ela e Deméter buscavam Perséfone.¹⁰

A tocha e o sol

Hécate e suas tochas estão, com frequência, associadas ao elemento Fogo, e a luz que ela carrega deriva tanto da lua quanto da luz estelar.¹¹ Se a lua é o sol da noite, será que a tocha de Hécate também poderia ser um símbolo do sol? Hebat, deusa dos hurritas, é outra divindade ligada às origens de Hécate. Os hurritas eram um povo da Idade do Bronze, que vivia próximo à área que hoje é a Armênia moderna. Hebat pode ter sido a deusa do sol, cujos atributos solares podem ter influenciado o culto grego primitivo de Hécate e explicar por que Hécate é, às vezes, vista com

---

[9] Jacob Rabinowitz. *The Rotting Goddess: The Origin of the Witch in Classical Antiquity*. Brooklyn, NY: Autonomedia, 1998, p. 44.

[10] Dimitar Vasilev Georgieff. "About Melinoe and Hekate Trimorphis in the Bronze Tablet from the Town of Pergamon". Disponível em: www.academia.edu, p. 1.

[11] Conner. "Come, Hekate", p. 3

imagens solares – sua natureza ígnea, em última análise, representada pelas tochas flamejantes.[12] Assim, as tochas flamejantes de Hécate também representam uma poderosa antiguidade e, numa perspectiva contemporânea, elas podem simbolizar a ancestralidade.

A tocha e a renovação

Em seu mito, Perséfone seguiu Hécate e suas tochas acesas até encontrar Hermes, que a levou à superfície, onde ela poderia se reunir com a mãe, um evento que tornaria a terra fértil novamente. Por essa razão, as tochas de Hécate podem ter representado a fertilidade da terra. Alguns devotos de Hécate da Grécia Antiga carregavam tochas em volta de campos recém-semeados para promover sua fertilidade.[13] A tocha também pode ter simbolizado o pôr do sol, pois Hécate usou a tocha para ajudar a orientar Perséfone de volta ao Hades quando a terra esfriou. Então, mais uma vez, a tocha também pode representar o aquecimento da terra, já que Hécate usa sua tocha para ajudar Perséfone a retornar na primavera. Assim como o sol aquece a terra fria e arrefece antes de acabar a escuridão, as tochas de Hécate podem representar a renovação.

---

[12] Stephen Ronan (org.). *The Goddess Hekate: Studies in Ancient Pagan and Christian Religion and Philosophy*, Vol. I. Hastings, UK: Chthonios Books, 1992, p. 116.

[13] Charlene Spretnak. *Lost Goddesses of Early Greece: A Collection of Pre-Hellenic Myths*. Boston: Beacon Press, 1992, p. 76.

A tocha como proteção

A tocha era também um instrumento de proteção. Era uma ferramenta de guardas-noturnos, encarregados de proteger uma casa ou uma cidade. Hécate às vezes era representada carregando sua tocha ao lado de um cão feroz, elementos esses que, conforme se acreditava, teriam simbolizado o papel de Hécate como uma deusa protetora.[14] Se olharmos para o papel de Hécate no mito Perséfone e Deméter, Hécate também pode ser uma protetora das pessoas perdidas e dos enlutados. Pode ser que a tocha seja uma fonte de poder e proteção.

Liderando o caminho para a cura

Se Perséfone representa a juventude, a inocência e a inocência perdida, e Deméter simboliza o arquétipo da mãe que cuida e nutre, Hécate pode representar a idade e a sabedoria que essa oferece, uma virtude capaz de transformar a dor e a tristeza no ouro do conhecimento.[15] De modo puramente simbólico, o submundo pode não ser um lugar físico, mas uma representação das camadas mais profundas da mente, em que memórias e sentimentos estão enterrados, talvez aqueles que tivemos em

---

[14] Jerusha Behari. *Ambivalent Goddesses in Patriarchies: A Comparative Study of Hekate in Ancient Greek and Roman Religion, and Kali in Contemporary Hinduism.* Tese de Doutorado, University of KwaZulu-Natal, 2011, p. 166.

[15] Mary Elizabeth Coen. "The Triple Goddess Myth", em: *Goddess Meca*, 09 set. 2013. Disponível em: www.goddessmeca.com

nossa juventude, assim como os traumas que Perséfone sofreu quando jovem.

A dor de Deméter corresponderia à tristeza ou à depressão que podemos sofrer como adultos se esses problemas não forem tratados. Nesse caso, as tochas de Hécate servem como guia para nos reunirmos com nossas próprias partes perdidas, afastadas no momento em que sofremos o dano. Nesse papel, as tochas de Hécate iluminam o caminho para a cura.

A magia da tocha

A tocha pode ter sido um símbolo de magia, representando os poderes para evitar um ataque maligno.[16] Na peça *Helena*, de Eurípides, o personagem Menelau invoca Hécate: "Ó, Hécate portadora da tocha, envie visões que sejam favoráveis", o que pode sugerir que a tocha de Hécate pode ter sido associada à profecia. Mais tarde, Menelau suplica pela boa vontade de Hécate, pedindo que os espíritos do submundo não confundam sua visão ou praguejem sua existência, o que também pode indicar que Hécate, como portadora da tocha, é alguém que poderia ser chamada a proteger o suplicante não só do medo e da dor, mas também ajudando-o a "ver" com clareza a natureza de uma situação.

Símbolo típico do submundo, que era o espaço próprio da magia, as tochas de Hécate podem sugerir poder sobre os

---

[16] William James Harvey. *Reflections on the Enigmatic Goddess: The Origins of Hekate and the Development of Her Character to the End of the Fifth Century B.C.* Dissertação de Mestrado, University of Otago, 2013, p. 104.

mortos. Também foi sugerido que a extinção de uma tocha poderia afugentar Hécate. Embora ela não seja especificamente citada, um fragmento de outra passagem de Eurípides mostra mulheres tentando expulsar uma deusa malévola, que se supunha ser Hécate, por meio de um rito de purificação que envolvia a extinção de uma tocha.[17]

O uso da tocha por Hécate

As tochas de Hécate fornecem luz que ilumina caminhos incertos, tanto literais quanto figurativos, um símbolo que pode ser pensado para trazer também sabedoria.[18] No mundo antigo, a própria tocha era um sinal de revelação. Os *Oráculos Caldeus* eram chamados de "a Gnose do Fogo", um fogo criativo que nunca se apaga.[19]

Em uma tradição filosófica discutida nos *Oráculos Caldeus*, Hécate e o fogo são com frequência encontrados juntos: Hécate recebe e gera ideias através de um raio incandescente, nutrindo-as em seu ventre e depois as dá à luz em forma física. Essa forma física pode ser expressa por meio da inspiração dos mortais, um processo às vezes chamado "geradora de vida-doadora de fogo". Uma tabuleta com uma inscrição de maldição referente a Hécate sugeria que ela se originava

---

[17] Harvey. "Reflections on the Enigmatic Goddess", p. 126.
[18] Behari. "Ambivalent Goddesses in Patriarchies", p. 168.
[19] Edward P. Butler. "Flower of Fire: Hekate in the Chaldean Oracles", em: *Bearing Torches: A Devotional Anthology for Hekate*. Sannion (org.) e Editorial Board of the Bibliotheca Alexandrina. Eugene, OR: Bibliotheca Alexandrina, 2009, p. 7.

desse fogo grande e inspirador.[20] (As tabuletas com maldições eram muitas vezes associadas a Hermes, Perséfone e Hécate. Elas eram essencialmente cartas aos mortos, pedindo-lhes ajuda para frustrar um inimigo ou concorrente. Essas poderiam ser de natureza bastante horrível e certamente não havia nenhuma piedade pela pretensa vítima da tabuleta). Nesse caso, a tocha pode ser um sinal de paixões acesas, não apenas em desejo e amor, mas também em desejo e fúria. Assim como a vida e a morte apresentam apenas uma linha tênue que as separam, assim também é o amor e o ódio, a raiva e a euforia, o desejo e a repulsa; todos são dois lados da mesma moeda. A aproximação de Hécate a Deméter com uma tocha pode sugerir mais do que um simples instrumento de praticidade, pode simbolizar também os sentimentos de desejo extremo de encontrar Perséfone.

Afirma-se, algumas vezes, que a tocha de Hécate "brilha dos dois lados", o que pode simbolizar a presença tanto dos mistérios do submundo e do reino dos mortos, como dos milagres do mundo superior, do mundo dos vivos ou mundo dos deuses.[21] As tochas também podem representar a vida, a vitalidade, a perfeição ou a virtude.[22] Hoje, poderíamos também abraçar essa simbologia a partir da hierarquia de necessidades de Pavlov, na qual as necessidades básicas são

---

[20] Alexander Hollmann. "A Curse Tablet from the Circus at Antioch", em: *Zeitschrift für Papyrologie und Epigraphik* 145 (2003), p. 78.

[21] R. Farnell. "Hekate's Cult", em: Stephen Ronan (org.), *The Goddess Hekate: Studies in Ancient Pagan and Christian Religion and Philosophy*, Vol. 1. Hastings, UK: Chthonios Books, 1992, pp. 22-3.

[22] Butler. "Flower of Fire", p. 16.

alimento, abrigo e coisas básicas que mantêm um corpo ativo e em segurança. No topo da pirâmide está a autorrealização, na qual uma pessoa desenvolve todo o seu potencial. Nessa visão, as tochas podem representar ambos os lados dessa escala bastante humana de necessidades e realizações.

As tochas também são vistas como a faísca de uma ideia, servindo como intermediação entre a humanidade e o divino, levando potencialmente os demais para além do mundo mortal, atingindo um território desconhecido.[23] Na mitologia, esse tipo de jornada pode representar a terra dos mortos, como foi para Perséfone, mas também pode incluir o inconsciente e a psique – essencialmente, embarcando em uma jornada para encontrar a si mesmo. Às vezes, como Hécate é também chamada de "a deusa de tudo o que foi rejeitado", a tocha pode simbolizar uma pessoa encontrando sua comunidade ou abraçando sua identidade.[24]

Em muitas representações, a tocha destaca o papel de Hécate como guia.[25] Em um exemplo, Hécate, segurando duas tochas, caminha à frente de Perséfone, que olha para trás e para baixo para a deusa. À direita, Deméter espera pela filha, enquanto Perséfone olha para além de Hécate, na direção de sua mãe. Hermes também está presente, como mensageiro dos deuses, conhecido por ajudar as pessoas a viajar de um lado para outro pela terra dos mortos. Hécate não leva

---

[23] Shelly M. Nixon. "Hekate: Bringer of Light", *California Institute of Integral Studies*, 2013, p. 8.

[24] Nixon. "Hekate: Bringer of Light", p. 10.

[25] Rabinowitz. *The Rotting Goddess*, p. 25.

Perséfone de volta ao Hades, mas tem a mesma tarefa de Hermes na transição do submundo para a terra. Seu olhar para trás sugere que ela é mais do que uma guia, ela constitui uma presença atenta no mundo da deusa virgem.[26] A tocha, entre muitas coisas, pode representar mudança das estações, seu papel como guia protetora durante um período assustador e ser a guia durante uma transição.

A Bruxa e a tocha

A tocha de Hécate pode ter sido ligada a Bruxas ou a outros tipos de pessoas interessadas em trabalhos de magia que remontam à Antiguidade. Acredita-se que as tochas em chamas simbolizavam sacerdotes e sacerdotisas dos cultos misteriosos a Hécate e que estavam muitas vezes presentes em seus ritos. É possível que o uso das tochas possa ter simbolizado Hécate como sua deusa padroeira, mas seu uso pode ter sido de cunho simples e prático, considerando-se que esses ritos fossem praticados durante a noite. Alguns escritos sugerem que as tochas eram um sinal de que um iniciado estava sendo aceito em um culto a Hécate.[27] Se essas tochas eram uma ferramenta do verdadeiro rito de iniciação, um símbolo de ser iniciado, ou ambos, não se sabe ao certo. Outro rito a Hécate incluía uma corrida noturna a cavalo

---

[26] Robert Von Rudloff. *Hekate in Ancient Greek Religion*. Victoria, BC: Horned Owl Publishing, 1999, p. 26.

[27] Behari. "Ambivalent Goddesses in Patriarchies", p. 78.

com tochas acesas nas mãos, seguida de uma celebração durante toda a noite. Alguns argumentam que a conexão de Hécate com o cavalo tem origem nesse rito.[28]

Em uma oferenda feita tanto a Hécate quanto a Ártemis em festivais de lua cheia, pequenos bolos eram às vezes decorados com pequenas tochas ou oferecidos a Hécate em encruzilhadas.[29] Oferendas aos deuses em geral eram frequentemente queimadas, o que pode nos levar a crer que deusas associadas ao fogo e às tochas, como Hécate, eram intermediárias dos deuses, talvez, auxiliando a encaminhar sacrifícios e oferendas a quem se destinavam.

Em uma imagem que decora um jarro exposto no Museu Britânico, Hécate (ou uma de suas sacerdotisas) é representada dançando de maneira frenética diante de um altar, com tochas na mão, cabelos em movimento e pés descalços. Esse é um rito mágico, a imagem ancestral de uma Bruxa.[30]

Durante anos, eu sempre senti que precisava do meu cabelo solto e dos meus pés descalços quando praticava magia. Na última lua cheia, saí para coletar água lunar para ofertar a Hécate. Senti a necessidade de usar um pouco de água do mar que havia coletado durante uma maré cheia.

---

[28] Harvey. "Reflections on the Enigmatic Goddess", p. 26.

[29] Sorita d'Este e David Rankine. *Hekate Liminal Rites: A Study of the Rituals, Magic and Symbols of the Torch-Bearing Triple Goddess of the Crossroads*. Londres: Avalonia, 2009, p. 38.

[30] Elicia Ann Penman. "'Toil and Trouble': Changes of Imagery to Hekate and Medea in Ovid's Metamorphoses". Trabalho de Conclusão de Curso (Bacharelado), Universidade de Queensland, 2014, p. 15.

Quando guardei a água, eu não sabia o que fazer com ela, como muitas vezes acontece com os suprimentos de magia. Mas, como também acontece com frequência com o trabalho de magia, o propósito se tornou claro na hora certa. Eu senti que Hécate queria que eu usasse esses elementos em um rito de lua cheia!

Coletar água lunar significa pegar uma tigela de água e deixar que ela receba o reflexo da lua cheia, ação que parece mais fácil do que realmente é. O céu deve estar limpo e você deve encontrar o ângulo e a posição corretos para segurar a tigela de modo que o reflexo seja capturado de maneira adequada. Na noite passada, por exemplo, nosso quintal estava muito escuro e eu deveria ter usado sapatos. Meu marido havia podado recentemente várias árvores, e o chão estava repleto de galhos e tocos de madeira. Nosso quintal também é um dos locais em que nosso cachorro se alivia, de modo que havia muitos excrementos. Como trabalho com Bruxaria descalça, tive de desafiar um caminho de galhos, farpas e fezes, em meio à escuridão. Felizmente, a lua estava cheia o suficiente e, como uma tocha, iluminou meu caminho – e eu não cortei meus pés e nem pisei em nenhuma coisa malcheirosa. Entrei em casa com frio, mas em perfeita sintonia com as energias noturnas. Nessa noite, sonhei com Hécate, a qual sugeriu que eu me banhasse com a água lunar para aliviar uma situação particularmente frustrante – e foi o que fiz no dia seguinte. Essas ações fazem parte de um feitiço de longo prazo, por isso ainda não sei como tudo vai se desenrolar. Talvez seja uma história para um livro futuro!

A tocha da Bruxa

A Bruxaria nos leva a situações estranhas, fazendo-nos receptáculos para histórias estranhas. Confiam-nos os segredos de outros. Como profissional de Bruxaria e Tarô, conheço pessoas que compartilham comigo coisas das quais se envergonham profundamente, coisas que não acreditavam poder contar a mais ninguém. Estou longe de ser a única Bruxa que já passou por isso. As Bruxas ajudam as pessoas a encontrar uma maneira de parar de ter medo de pensamentos, sentimentos ou experiências estranhas. Nós guiamos as pessoas através dos tempos sombrios. Mas, primeiro, devemos caminhar por nosso próprio caminho sombrio. Às vezes, isso significa ir de forma solitária. Às vezes, significa procurar alguém mais forte do que nós para caminhar ao nosso lado. Quando Perséfone cumpre sua promessa e concorda em ficar com Hades durante uma parte do ano, Hécate é sua guia e cuidadora, talvez sua única luz em um período de escuridão. Quando Deméter estava em profundo sofrimento, foi Hécate quem a ajudou. O conforto de Hécate na escuridão ajudou a triste deusa a ser uma luz para os outros. Uma Bruxa não tem de amar as trevas, contudo, ela deve estar pelo menos familiarizada, mesmo que desconfortável, com a escuridão antes que ela também consiga segurar uma tocha para outra pessoa.

Quando eu estava organizando um coven, muitas vezes me deparei com uma "cultura de conforto", na qual as pessoas não queriam participar de nada em que não estivessem totalmente à vontade. A cultura do consumidor, que se concentra em personalizar tudo para todos, tem levado muitos a esperar conforto em todas as situações. Entretanto, declarar "estou desconfortável" é uma maneira rápida de nos retirarmos de um processo mágico. Qual exercício fortalece nosso corpo se não sentimos um desconforto ocasional? A frase "sangue, suor e lágrimas", referindo-se ao esforço colocado em um projeto de trabalho, certamente não suscita a sensação de conforto e acolhimento. Do mesmo modo, a maioria dos magos terá momentos de modesto desconforto. *Uma nota importante:* desconforto moderado não significa consentir ou concordar com algo em que seja moral ou pessoalmente comprometedor, como sofrer assédio para ter intimidade sexual, consumir drogas, fazer algo que coloque sua saúde física ou mental em risco ou, ainda, executar um tipo de Magia que seja contra à sua moral. Assim como no exercício físico, há uma linha tênue entre o desconforto e a dor prejudicial. Leve o tempo necessário para reconhecer a diferença entre enfrentar a primeira, porém, recusar a segunda.

Exemplos de desconforto moderado, mas apropriado, podem ser participar de uma atividade como a limpeza de um parque, embora você preferisse não participar; cantar diante de um grupo, mesmo que você não goste de sua voz; ou liderar um ritual, mesmo se seu lugar preferido for distante dos holofotes. Outras coisas que muitas Bruxas acham desconfortáveis incluem meditação, trabalhar com novas formas de adivinhação e ler sobre novas mitologias. Bruxas precisam rotineiramente ir a lugares que são desconfortáveis para aprenderem mais sobre magia e sobre si mesmas, sobre o que é sua própria descida à escuridão. Às vezes, esse lugar desconfortável é literalmente sombrio.

No início deste ano, lancei um feitiço com duas de minhas amigas Bruxas, na costa do Oregon, durante à noite. Estava *muito* escuro, o que era desconfortável porque nos arriscamos e nos esforçamos para encontrar nosso caminho de volta para casa. Estava também frio e chovendo. No entanto, a magia que fizemos era poderosa e eficaz, e eu acho que as condições adversas desempenharam um papel nisso. Entretanto, às vezes, a escuridão que atravessamos é simbólica. Quando uma amiga sofreu um grave acidente de carro e ficou hospitalizada durante um longo período, ela me pediu que a visitasse, tanto para aconselhamento como para companhia. Ela estava tentando descobrir como poderia se sustentar emocionalmente durante aquele limbo de estar presa no hospital por tanto tempo. Eu não tinha as respostas, mas sentei-me ao seu lado, enquanto ela as descobria por conta própria. Foi desconfortável, enquanto eu desejava ter as respostas. Desejei poder resolver os problemas dela. Era desconfortável simplesmente sentar e ouvir, mesmo sabendo que sentar e ouvir era o melhor que eu podia oferecer. Às vezes, este é um dos papéis mais importantes de ser uma Bruxa. Não devemos nos enganar e pensar que é possível ter uma solução para cada problema. O poder de toda Bruxa tem limites. Hécate não tinha o poder de libertar Perséfone, mas ela podia ficar ali com uma tocha acesa enquanto a jovem permanecia confinada nas trevas.

Caminhando com a Portadora da Tocha

Os descendentes de Perséfone podem não estar na morte, mas na vida encarnada, outro conceito que pode ser ilustrado pelas tochas de Hécate.[31] Em muitas tradições de Bruxaria, as Bruxas passam por uma morte e renascimento simbólicos. Minha experiência tem me mostrado que o ingresso para uma vida de magia convidará a um período de desconforto, mas, em última instância, de perturbação produtiva. Uma de minhas professoras diz que "a primeira coisa que a magia transforma é o eu". Quando abracei, pela primeira vez, a Bruxaria como meu caminho, todo o meu curso de vida mudou. Eu tinha me concentrado nas artes teatrais por muitos anos e estava a um semestre de me formar quando percebi que queria ser escritora em vez de atriz. Quando me aprofundei na Bruxaria e me dediquei a uma divindade, uma relação esvaiu-se da noite para o dia. Várias outras amizades das quais eu pensava depender também se desfizeram. Pensei que estava de coração partido, mas na verdade eu tinha me libertado. Dentro de alguns meses após essas finalizações, novos começos apareceram. Conheci meu marido e me envolvi com amizades maravilhosas e fortes, que ainda hoje valorizo.

Às vezes, como Perséfone, podemos sentir medo ou insegurança. Pode não haver ninguém ao redor para nos confortar ou mesmo estar presente conosco. Nesses momentos, eu tenho invocado Hécate e suas tochas.

---

[31] Butler. "Flower of Fire", p.7.

Não faz muito tempo, uma noite difícil me apanhou de surpresa durante uma viagem de trabalho a Nova York. Eu tenho uma rotina quando viajo para lá, ficando no mesmo hotel e comendo no mesmo restaurante mediterrâneo da minha primeira vez em que lá estive. O lugar está quase sempre meio vazio, uma bênção em uma cidade sufocada por multidões. O recepcionista sempre me acompanha até a mesma mesa. Eu levo um livro em vez de uma tela. Naquela noite, enquanto comia salada de berinjela e polvo grelhado, lia um livro que detalhava a decadência de seu autor que mergulhou nas drogas e no álcool. Isso me levou a pensar em uma velha amiga, cuja amizade eu havia posto de lado por causa de seus próprios problemas com as drogas. De repente, senti muita falta dela. Há um tipo especial de dor quando se sente falta de uma pessoa que está tão distante, que você não pode tocar; quando ela se perde dentro de uma carapaça de si mesma, e essa carapaça é fragmentada, afiada e dolorosa.

Era uma lua negra: a noite de Hécate. Eu queria honrar Hécate, mas também estava cansada de minha viagem e, de repente, tocada pela emoção. Eu havia planejado levar minha tabuleta de Hécate comigo para um altar improvisado e meditar antes de dormir, mas no caos de fazer as malas de última hora, eu havia me esquecido. Senti-me uma droga de Bruxa. No entanto, se há algo que aprendi com a Bruxaria é que, às vezes, quando nos sentimos menos mágicas, podemos lançar os feitiços mais poderosos.

O garçom perguntou se eu queria sobremesa. Eu não queria, mas eles mandaram fazer *crème brûlée* com café turco e me deixaram levar para viagem.

Pensei nos ritos da lua negra da Grécia Antiga em que as refeições eram deixadas num cruzamento de três vias em homenagem a Hécate, na esperança de que uma pessoa faminta se deparasse com elas e se alimentasse. Levei o *crème brûlée* a um pequeno parque no meio da avenida. A cidade de Nova York é, em sua maioria, bem grande, mas as ruas ocasionalmente criam parques triangulares, pequenos lugares de descanso em meio à intensidade das ruas. Esse era o cruzamento perfeito, logo na saída do restaurante.

Sentei-me num banco frio, sob o céu de início do verão, ainda azul, com a noite se aproximando. Pensei em minha amiga. Ela mesma uma Bruxa, nós já havíamos nos encontrado muitos anos antes. Ela amava Hécate, eu me lembrei disso. Talvez ela ainda goste. Então, comecei a rezar.

Hécate, por favor, cuide de minha amiga. Ela não quis me ouvir. Talvez a escute. Mostre-lhe o caminho através da escuridão, mostre-lhe a tocha, para que ela possa seguir seu caminho. Ajude-a a sair do inferno ou, pelo menos, esteja ao seu lado caso ela faça uma nova descida.

Finalizei com as palavras mais poderosas em magia ou oração: *Por Favor.*

Coloquei a sobremesa, embrulhada e ensacada, bem arrumada sobre o banco, para que quem precisasse a encontrasse e comesse bem. Voltei ao meu quarto de hotel e, de repente, me senti compelida a ligar para outro velho amigo. Não falávamos há quase dois anos, contudo, ele confessou que também tinha pensado recentemente em nossa amiga, embora eles também não mantivessem mais contato. Chorei. Ele escutou. No final de nossa conversa, eu me sentia melhor.

Eu havia pedido a Hécate para iluminar o caminho para minha amiga doente. Ela, por sua vez, colocou na minha vida alguém que pudesse iluminar o meu caminho também.

Mas Hécate não fez isso comigo. Foi como se ela dissesse: *"Você sente falta dela, hein? Vamos vê-la então..."*.

Na noite seguinte, encontrei aquela velha amiga. Tivemos um reencontro emotivo que logo se tornou doloroso e terminou com um último adeus. Desejei-lhe felicidades. Enquanto me afastava dela naquela noite quente, o brilho do metrô exibia uma tocha no escuro, aquela que me levaria ao meu hotel. Eu sabia que minha amiga ficaria bem, mas que nossos caminhos tinham seguido direções diferentes.

Onde antes havia escuridão na forma de mistério e anseio, me foi dado um guia para minha tristeza e, depois, a luz para a verdade da situação. Embora não fosse confortável, isso me permitiu avançar em paz, que é o maior presente que a Bruxaria pode oferecer.

Trabalhando com a Portadora da Tocha

Os seguintes feitiços e rituais podem ajudar a trazer o poder da portadora da tocha para sua vida. Esse aspecto de Hécate é particularmente útil quando as coisas estão incertas. Eles também podem ser usados para iluminar o caminho de alguém que está passando por um momento difícil.

Ritual para invocar a Portadora da Tocha

Esse ritual é melhor realizado durante a lua cheia.

Pegue ou faça uma efígie de Hécate e posicione-a sobre uma peça de roupa escura. Circule a efígie com três velas de uma única cor à sua escolha. Considere fazer uma oferenda de vinho ou suco de uva e uma romã.

Diga o seguinte em voz alta, três vezes, enquanto você acende cada vela:

> Enquanto Deméter chorava por Perséfone,
> Enquanto Perséfone chorava por Deméter,
> Também eu chorava por Hécate,
> Hécate! Portadora da Tocha! Ilumine o caminho!
> Acenda o caminho!

Quando as três velas estiverem acesas, medite sobre as áreas específicas de sua vida que precisam ser iluminadas. Em seguida, desenhe, faça um diário ou imagine como seriam essas áreas.

Coloque a romã em uma encruzilhada após seu ritual. Deixe o desenho ou a página de seu diário – se você tiver feito um – em seu espaço consagrado a Hécate até a próxima lua cheia.

Prece para cuidar de um ente querido enquanto eles estão distantes

Esta prece pode ser usada em qualquer momento do ciclo lunar.

Hécate, ilumine seus caminhos,
Enquanto eles estão longe do meu amor e
dos meus cuidados,
Abrace-os em seu coração como eu os abraço no meu.
Até que a escuridão se levante,
Seja a luz na escuridão fria,
Mostre-lhes o caminho para o calor e a luz
Onde meus braços devem esperar para recebê-los.
Salve, Hécate, salve a Portadora da Tocha.
Que assim seja.

Feitiço para resguardar a casa e o lar

Como nas garrafas da velha Bruxa, desenhe ou imprima uma foto de Hécate carregando tochas. Sobre a imagem, escreva três vezes:

Hécate, defenda a mim e os meus,
os meus e a mim.

Enrole o papel e insira-o em uma garrafa de vidro. Considere adicionar elementos pessoais, como mechas de cabelo, aparas de unhas ou saliva. Se você puder incluir pelo de um cão negro, isso também pode ser um belo toque. Você também pode considerar adicionar cacos de vidro, pregos ou um pedaço de arame farpado.

Enterre a garrafa embaixo ou perto de sua varanda numa noite de lua negra. Se você não tiver uma varanda frontal, considere enterrar a garrafa perto da porta da frente.

Encanto para atravessar as trevas

Pegue uma pedra (quartzo ou citrino é bom, assim como uma pedrinha encontrada em um pátio ou parque) e deixe-a dentro de um copo de água sob a lua crescente por três noites. Nota: Algumas pedras, como a opala ou a selenita, dissolvem-se na água. Uma rápida busca na internet pode lhe dizer se a pedra escolhida é segura para ser mergulhada em água. Se sua pedra se danificar com a água, não a deixe submersa, deixando-a apenas para ser tocada pela luz da lua. Certifique-se de que a água reflita a lua por pelo menos um breve período. Carregue essa pedra quando precisar de clareza, direção ou luz num tempo sombrio.

CAPÍTULO 4

Ritual, Mágica e as Encruzilhadas

~~∞~~

Encruzilhadas, fantasmas, cães. O submundo, os espaços limítrofes, os reinos etéreos. A alma do mundo. Magia. Ela é isso e muito mais. No entanto, depois de nove anos trabalhando com e para ela, ainda não tenho certeza de quem ela é. Isso é o que acontece com Hécate.
Ela se sente como um mistério, porque encarna a vida, a morte e o renascimento. Ela me mantém adivinhando e procurando, fazendo-me ir além e de modo mais profundo ao seu lado. Talvez, um dia, eu a entenda completamente, talvez não. Ela fica comigo quando eu sirvo como doula, como se estivesse às portas da vida e da morte com suas tochas na mão, anunciando e informando que eu preciso ajudar a trazer bebês para este mundo. Na maioria das vezes, nós abraçamos a vida. Às vezes, viajamos através da morte. Ela permanece ao meu lado, derramando sua luz, enquanto eu celebro as vitórias e triunfos dos outros, e quando os ajudo a processar emoções cruas.

Ela está lá quando estou sozinha, processando a ira sobre as coisas que não posso fazer parar de acontecer, dizendo a mim mesma para ficar forte, pegar a tocha novamente e voltar a fazer seu trabalho.
— Tamrha Gatti Richardson, sacerdotisa moderna de Hécate

A Bruxaria nos faz fazer coisas que divertem, confundem ou até assustam aqueles que não trilham esse caminho. Quer envolvam ou não Hécate em sua arte, as Bruxas acabam se encontrando diante de uma encruzilhada pessoal ou mágica. Nesse momento, torna-se uma ferramenta útil realizar um ritual com a intenção de invocar a iluminação ou a direção. Tal ritual pode ser feito em grupo ou isoladamente. As Bruxas modernas com frequência discordam sobre o que faz de um ritual um genuíno ritual de Bruxaria, contudo, os rituais nas encruzilhadas em honra a Hécate são um lembrete de que a prática pode ser simples ou complexa, e ainda assim muito eficaz. O nível de complicação de um ritual depende da natureza do trabalho mágico, bem como das habilidades da Bruxa e recursos disponíveis no momento. As encruzilhadas de Hécate também servem para nos lembrar do poder natural contido em outros lugares, além dos altares ou templos.

Na Antiguidade, acreditava-se que Hécate habitava no alto das colinas, páramos e lugares isolados, mas também em estradas, portos e cemitérios. Naqueles tempos, um pensamento comum era que, se alguém estivesse sozinho, e, de repente, sentisse medo, acreditava-se que esse temor vinha ao sentir a presença de Hécate.[1] Outros espaços sagrados para Hécate incluíam cruzamentos físicos, especialmente aqueles onde três estradas se encontravam. Uma lenda da Tessália dizia que Hécate (como deusa Brimo) era filha de Pheraia, que a carregou até Zeus e a jogou numa encruzilhada, onde foi encontrada e criada por pastores.[2] Alguns dizem que esse disfarce de guardiã de uma encruzilhada deu a Hécate sua reputação de espírito maligno e muito temido, que poderia ser encontrada em uma estrada solitária à noite, com um aspecto terrível, cercada por uma matilha de cães de caça e capaz de infligir loucuras e pesadelos.[3] Entretanto, como veremos, esse papel desempenhado nas encruzilhadas pode ser mais o de guardiã do que de um ser assustador, ela é mais uma guia do que uma entidade ligada ao mal.

As encruzilhadas eram consideradas espaços limiares, indefinidos e fora das regras do mundo, mas elas também ofereciam uma estrutura. Tinham uma função prática e terrena, ao marcarem territórios, mas também separavam os mundos dos vivos e dos mortos. As encruzilhadas eram assustadoras, cheias

---

[1] Tim Ward. "Hekate at Lagina and Çatalhöyük", em: *Bearing Torches: A Devotional Anthology for Hekate*, editado por Sannion e equipe editorial da Bibliotheca Alexandrina. Eugene, OR: Bibliotheca Alexandrina, 2009, p. 85.

[2] Fritz Graf e Sarah Iles Johnston. *Ritual Texts for the Afterlife: Orpheus and the Bacchic Gold Tablets* (Nova York: Routledge, 2013, Apêndice 2, nota 5.

[3] Carol M. Mooney. *Hekate: Her Role and Character in Greek Literature from before the Fifth Century B.C.*, Tese de Doutorado, McMaster University, 1971, p. 74.

de perigos físicos e intangíveis; eram mesmo consideradas como espaços onde as mulheres cometiam assassinatos.[4] Os gregos, romanos e muitas outras civilizações antigas entendiam tanto os pontos naturais quanto os pontos liminares criados pelo homem (portas, portões, rios e encruzilhadas) como lugares de incerteza, que exigiam rituais especiais por várias razões diferentes. As encruzilhadas muitas vezes marcavam o início de uma jornada, rito ao qual os gregos e romanos atribuíam um significado especial, visto que qualquer viagem para longe de casa exigia proteção. Por ser um espaço limiar, ou seja, não é um lugar e nem outro, a característica da encruzilhada de se "estabelecer fora das regras" normais do mundo, fazia com que as pessoas se sentissem em perigo. No entanto, tais pontos limiares forneceram limites e estrutura ao mundo impedindo que ele se tornasse um caos ininteligível.[5]

O solo da encruzilhada era, por si só, tido como mágico. Acreditava-se que os elementos (plantas, animais ou a terra) extraídos das encruzilhadas possuíam grande poder. Um encantamento encontrado nas ruínas da Mesopotâmia descreve um estalajadeiro usando o pó retirado do cruzamento de quatro caminhos, como parte de um rito à deusa Ishtar para levar os viajantes e os negócios até a sua porta.[6] Outra prática

---

[4] Rick Strelan. "'Outside Are the Dogs and the Sorcerers ...' (Revelation 22:15)." *Biblical Theology Bulletin* 33, nº 4 (novembro, 2003), p. 154.

[5] Sarah Iles Johnston. *Hekate Soteira: A Study of Hekate's Roles in the Chaldean Oracles and Related Literature*. Atlanta, GA: Scholars Press, 1990, p. 217.

[6] Marie-Louise Thomsen. "Witchcraft and Magic in Ancient Mesopotamia", em: *Witchcraft and Magic in Europe*, Vol. 1, Bengt Ankarloo e Stuart Clark (orgs.). Filadélfia: University of Pennsylvania Press, 2001, pp. 63-4.

envolvia mulheres em trabalho de parto, as quais usavam um amuleto repleto de plantas que cresciam dentro de peneiras colocadas nos cruzamentos, no intuito de ajudá-las a dar à luz seus bebês com segurança. As pessoas acreditavam que enterrar sapos numa encruzilhada poderia prevenir a febre.[7]

As encruzilhadas também eram o ponto de encontro de espíritos mal-intencionados que podiam ser evocados para proteção e realização de pedidos. Encruzilhadas, talvez tanto quanto cemitérios, eram lugares de grande magia e, como observaremos, eram espaços populares onde as Bruxas se reuniam para fazer seus trabalhos de magia. Isso estimulou a mística geral atribuída às encruzilhadas, bem como fez crescer o terror que despertam. Ambos os aspectos, assim como as próprias encruzilhadas, estavam firmemente vinculados ao domínio de Hécate.

Hécate e as encruzilhadas

Hécate era uma deusa dos limiares, preocupada em guiar o adorador através de uma terra de ninguém, inerentemente perigosa e incerta, por meio de situações que incluíam transições como nascimento e morte, bem como caminhos literalmente cruzados e portais.[8] O antigo dramaturgo grego Aristófanes disse que, quando uma mulher saía de sua casa,

---

[7] Sarah Iles Johnston. "Crossroads", ZPE 88 (1991), p. 224.

[8] Stephen Ronan (org.). *The Goddess Hekate: Studies in Ancient Pagan and Christian Religion and Philosophy*, Vol. 1. Hastings, UK: Chthonios Books, 1992, p. 6

ela fazia uma oração a Hécate.⁹ A associação entre Hécate e as encruzilhadas pode ser provocada por ela ter raízes estranhas aos antigos gregos, que podem tê-la interpretado como uma deusa que chegou até eles vinda de longe e, portanto, associada a espaços especificamente pertinentes a viagens.

O poeta latino Ovídio disse: "Aqueles que veem os rostos de Hécate voltados em três direções para que ela possa guardar a encruzilhada, onde a estrada se ramifica em três caminhos diferentes, às vezes acompanhada por cães fantasmas que, segundo se diz, estão ali para servi-la".¹⁰ Esses três rostos lhe deram a capacidade de ver tudo o que surgia simultaneamente. Às vezes, Hécate era representada com três cabeças: uma de cão, uma de cobra e outra de cavalo.¹¹

Enquanto a tocha representava um instrumento de proteção nas mãos de Hécate, as encruzilhadas simbolizavam os elementos *dos quais* ela protegia as pessoas, em especial, dos fantasmas ou espíritos truculentos, mas também das ameaças físicas, como ladrões ou saqueadores. Imagens de Hécate como protetora eram comumente colocadas na entrada das cidades, sugerindo que ela impediria a entrada de pessoas perigosas ou de outros elementos temíveis. Com frequência, sua imagem era colocada diante de uma casa, no intuito de protegê-la de espíritos malignos, pois ela tinha o poder tanto de criar como de controlar tais entidades. Santuários destinados a Hécate

---

[9] Martin P. Nilsson. *Greek Folk Religion*. Nova York: Columbia University Press, 1971, p. 80.

[10] Strelan. "'Outside Are the Dogs and the Sorcerers...'", p. 154.

[11] Strelan. "'Outside Are the Dogs and the Sorcerers...'", p. 154.

eram, muitas vezes, erguidos em encruzilhadas, invocando proteção para os viajantes. Esses santuários podem também ter sido locais poderosos para buscar a orientação de Hécate.

As encruzilhadas representam transições e Hécate foi considerada protetora das pessoas que passavam por diferentes tipos de transições, que podem ser, simplesmente, alguém deixando sua casa para trabalhar ou para encontrar um amigo, ou algo mais sério, como a transição para o casamento. Hécate foi uma presença importante nos mistérios dos cultos de iniciação, pois esse evento significa, muitas vezes, uma espécie de renascimento para quem se submete a eles. Outro tipo de transição era a que ocorria de um mês para outro, tornando o trigésimo dia de cada mês um dia sagrado para Hécate.[12] Ritos voltados a Hécate podem ter acontecido no trigésimo dia de cada mês e, provavelmente, em espaços em que três ou mais estradas se encontravam. Outra transição simbólica sob os cuidados de Hécate é o parto. A tríplice face de Hécate pode ainda ter representado uma encruzilhada cosmológica entre o cosmos, a terra e o submundo, bem como a encruzilhada da vida, da morte e do renascimento.[13]

Para os antigos gregos, a morte tinha sua própria encruzilhada. O passamento raramente envolvia um caminho reto. Por exemplo, sem a ajuda de Hécate, uma alma solitária poderia vaguear entre os mundos para sempre.[14] Entretanto,

---

[12] Johnston. *Hekate Soteira*, p. 220.

[13] Jacob Rabinowitz. *The Rotting Goddess: The Origin of the Witch in Classical Antiquity*. Brooklyn, NY: Autonomedia, 1998, p. 23.

[14] Johnston. *Hekate Soteira*, p. 74.

acreditava-se que, através de ritos de purificação e oferendas deixadas nas encruzilhadas, era possível constituir uma relação positiva com Hécate antes da morte, e esse vínculo seria benéfico para quem o buscasse no momento de sua própria morte. Uma deusa conectada tanto com o submundo quanto com as encruzilhadas seria perfeitamente adequada para ajudar as almas nesta transição.

Rituais das encruzilhadas

Como já mencionado, as encruzilhadas eram inerentemente mágicas e consideradas um espaço natural para que as Bruxas fizessem seus trabalhos. Os rituais das encruzilhadas geralmente incluíam proteção, pedidos de auxílio a divindades ou espíritos, além de ritos de devoção e purificação.[15] Tais rituais costumavam ser divididos em duas categorias: ritos destinados a oferecer proteção aos indivíduos e ritos destinados a liberar o buscador de algo indesejável, tal como a má sorte.[16] Essa era uma prática adotada tanto por indivíduos isoladamente quanto por comunidades. Os corpos dos acusados de crimes, em especial, dos hediondos (como o assassinato dos pais ou outros parentes próximos) eram jogados nas encruzilhadas, onde eram apedrejados na cabeça ou queimados pelos cidadãos.[17] Esse era, provavelmente, um

---

[15] Sorita d'Este e David Rankine. *Hekate Liminal Rites: A Study of the Rituals, Magic and Symbols of the Torch-Bearing Triple Goddess of the Crossroads*. Londres: Avalonia, 2009, p. 224.

[16] Johnston. *Hekate Soteira*, p. 217.

[17] Johnston. *Hekate Soteira*, pp. 217, 222.

ritual destinado a livrar a cidade desse tipo de ação, bem como dar aos cidadãos uma maneira de expressar seus sentimentos a respeito do crime.

Talvez, devido em parte a esse ritual, acredita-se que fantasmas agitados assombram as encruzilhadas. Pensava-se muitas vezes que espíritos sombrios eram perseguidos e aprisionados nas encruzilhadas após exorcismos.[18] Ceias para Hécate ou para os mortos eram colocadas nas encruzilhadas na lua nova não apenas como um método de apaziguar e esquivar-se dos mortos, mas também como uma maneira de pedir a Hécate para mantê-los sob controle, sobretudo as almas daqueles que tinham falecido ainda jovens.[19] Essas refeições constituíram um modo de purificação tanto para agradar à deusa, como para purificar a alma. As encruzilhadas eram espaços ideais para magos e Bruxas trabalharem sua magia, pois esses espíritos podiam ser usados para empreendimentos místicos. Os espíritos das encruzilhadas podiam ser usados inclusive para o trabalho com oráculos.[20]

A Bruxa e a encruzilhada

O símbolo da encruzilhada e sua conexão com Hécate lembram as Bruxas sobre o poder de lugares específicos. Naturalmente, trabalhar com Hécate significa que as encruzilhadas

---

[18] Johnston. *Hekate Soteira*, 223.

[19] Sarah Iles Johnston. *Restless Dead: Encounters between the Living and the Dead in Ancient Greece.* Oakland: University of California Press, 1999, p. 61.

[20] Johnston, *Hekate Soteira*, p. 224.

físicas (como um cruzamento com formato em T) são particularmente fortes para invocar sua magia. Além disso, são bons lugares para pedir a proteção de Hécate durante viagens ou transições pessoais.

A encruzilhada de Hécate também nos recorda sobre o poder de fazer magia em locais físicos diferentes de nossas próprias casas. A encruzilhada de Hécate nos afasta do conforto e da segurança de nossos altares. Minha magia da encruzilhada de Hécate me levou a deixar bulbos de alho na base das árvores, no breu da noite (sempre acompanhada, é claro, pois nunca queremos nos colocar em perigo), e caminhar para uma encruzilhada de três vias durante uma chuva. Hécate me inspirou a praticar magia em um parque estadual próximo de minha casa, no qual existe uma formação rochosa glacial incomum. A subida até essa colina é marcada pelo forte vento, mas, uma vez no topo, tem-se uma vista espetacular. O melhor de tudo é que ali tenho a oportunidade de realizar trabalhos de Bruxaria que fazem a negatividade voar para longe.

Muitas Bruxas encontram a magia no oceano. Outras a encontram perto de rios, planícies abertas ou num ambiente urbano. Quando eu morava em Nova York, o Central Park e o Inwood Hill Park eram belos espaços de magia, entretanto, havia também os grandes leões de mármore da Biblioteca Pública de Nova York ou o enorme cruzamento de Columbus Circle. Não faltam no mundo espaços para realizar uma magia poderosa.

Se lhe dermos oportunidade, Hécate nos ajudará a encontrar os lugares mágicos certos para cada pessoa. Às vezes, apenas visitar esses lugares, mesmo sem realizar nenhum rito, poderá ajudar a nos centrarmos em nossa própria Bruxaria, sobretudo nos momentos em que sentimos menos propensão à magia, devido ao estresse, traumas ou outras condições. Encontrar e construir uma relação com uma área mágica é essencial para uma Bruxa. Isso é particularmente importante se você não conseguir fazer magia em sua própria casa.

A Bruxa e a encruzilhada espiritual

"Estou em uma encruzilhada em minha carreira/em meu relacionamento pessoal/em minha vida": isso é o que escuto com frequência dos meus clientes de Tarô. São esses momentos de transição que levam, muitas vezes, as pessoas a buscarem a magia pela primeira vez. Estranhamente, convidar a magia a fazer parte de nossa vida nos levará a um novo lugar e a uma nova perspectiva quando atingirmos nossos próximos desafios. Uma encruzilhada surgiu em minha vida pouco antes de começar a escrever este livro, num momento em que eu quase abandonei a Bruxaria por completo.

Enquanto eu estava liderando meu coven e uma grande comunidade ligada a ele, cometi o erro de acreditar que poderia ter uma resposta para tudo. Criei expectativas que nenhuma pessoa jamais poderia satisfazer, decepcionando muitos, especialmente a mim mesma. Isso me desgastou, me esgotou. Fazia tanto tempo que o mundo não parecia mágico que comecei a me questionar se a magia alguma vez existiu de fato.

Nessa época, participei de um festival. Foi muito divertido. Fiquei feliz em ver tantos amigos queridos e compartilhar meu trabalho. Porém, enquanto eu estava cercada de pessoas que sentiam coisas poderosas, eu não estava sentindo nada. Era como se eu estivesse em uma bolha de vidro. Eu podia ver a magia acontecendo com outras pessoas, mas eu mesma não conseguia me conectar com ela. Isso me deixou profundamente triste. Na última noite do festival, todos se reuniram para o ritual principal. As pessoas pareciam entusiasmadas, mas eu não estava. Afastei-me do ritual e entrei na escuridão da noite, do mesmo modo como uma chuva forte quebra uma longa estiagem. Sentei-me no chão duro e molhado e comecei a chorar.

Era uma noite escura, de lua nova. E um pouco de magia voltou.

Hécate estava ao meu lado. Eu não podia vê-la ou ouvi-la, mas sabia que ela estava lá. Entendi então que estava numa encruzilhada e podia ver cada caminho. Eu podia seguir pelo caminho em que estava, aquele em que eu era a única fonte de magia para todos menos para mim, contudo, eu perderia toda magia, para sempre. A Bruxaria seria uma lembrança e eu perderia uma parte muito valiosa de mim mesma. Por outro lado, eu poderia tomar um rumo diferente, no qual eu estabeleceria minha própria vida de magia antes de ajudar os outros (como as instruções de segurança dadas num avião, orientando para colocar sua própria máscara de oxigênio antes de ajudar outras pessoas) e, talvez, recuperasse a mágica que perdi e da qual sentia falta. Escolhi esse último caminho.

Não somos poços sem fundo, mas, sim, poços que devem ser reabastecidos, e devemos nos tratar como nossos recursos mais valiosos. Essa foi a maior lição que aprendi com Hécate.

Rituais de encruzilhada

O filósofo Apolônio (15-100 EC) relatou que os antigos faziam certos sacrifícios a Hécate, com cerimônias e tributos formais especiais, dedicados somente a ela. Ele descreveu uma dessas cerimônias:

> Preste muita atenção: quando a noite úmida tiver alcançado o meio do seu curso, procure as águas do rio. Ali, depois de lavar os braços e as mãos, e vestir o traje azul profundo, concentre-se em cavar um buraco. Em seguida, logo que a ovelha for abatida, coloque-a no buraco e deixe-a queimar na pira. Chame Hécate, a filha de Perseu, e, através do mel, doce presente das abelhas, você vai agradá-la. Quando esses ritos forem concluídos, previno que se afaste da pira. Não permita que nada faça você voltar atrás, nem o som dos passos e nem o latido dos cães, pois todo o esforço do ato sagrado seria anulado.[21]

---

[21] Pierre de Lancre. *On the Inconstancy of Witches: Pierre de Lancre's Tableau de l'inconstance des mauvais anges et demons* (1612), editado e traduzido por Gerhild Scholz Williams *et al*. Tempe: Arizona Center for Medieval and Renaissance Studies, 2006, pp. 69-70.

Isso nos dá uma visão dos ritos de Hécate. Sugere-se que quem efetua um pedido deve se limpar ritualmente primeiro e se vestir com uma roupa escura. Ao fazer uma oferta de sacrifício, no caso uma ovelha, segue-se uma oferenda de mel. Por último, o trabalho exige virar as costas e não olhar para trás, o que é uma característica comum aos trabalhos para Hécate, mas também pode ser indicativo de se trabalhar com divindades ctônicas. Vemos algo semelhante na passagem a seguir, na qual Medeia auxilia o marido Jasão, lançando um feitiço sinistro. Medeia é conhecida na literatura grega como uma Bruxa e uma sacerdotisa de Hécate e, em alguns casos, uma deusa por mérito próprio:

> Espere o instante em que a noite se divide ao meio, tendo-se lavado na cheia do rio inesgotável, sozinha e afastada, revestida de uma tonalidade sombria, cave para si um buraco arredondado. E, dentro dele, disponha uma ovelha morta, coloque-a crua e inteira sobre um monte que você tenha depositado no buraco. Então, reze para Hécate, aquela que não tem irmã... derrame um cálice de mel de abelhas. Quando tiver ofertado isso tudo à deusa, com cuidado, afasta-se da pira e não permita que nem o ruído de passos e nem o uivo dos cães tentem você a olhar para trás, pois isso faria com que tudo tenha sido em vão, e não retorne para os seus como se fosse alguém aparentemente sábio.[22]

---

[22] W. K. C. Guthrie. *The Greeks and Their Gods.* Boston: Beacon Press, 1950, p. 222.

O autor pode ter-se inspirado em outros ritos de Hécate realizados em sua época, pois o trabalho de Medeia é paralelo à descrição oferecida por Apolônio. Temos também uma noção do tempo, já que o rito começa quando "a noite se divide ao meio", o que provavelmente significa que é à "meia-noite". Um "rio inesgotável" pode indicar um ponto em que a água não é utilizada, um lugar onde as pessoas não vão para se lavar ou onde a água permanece acumulada. "Sozinha e afastada, revestida de uma tonalidade sombria": ela está só, provavelmente vestida com roupas escuras (talvez azuis, como sugerido acima), seja para não ser facilmente vista ou porque está tentando se conectar com espíritos ctônicos, que os antigos gregos identificavam com cores escuras.

Ela cava um buraco e sacrifica uma ovelha, presume-se que para Hécate. Pode ser que uma fogueira tenha sido feita nesse poço e a oferenda da ovelha tenha sido queimada. As oferendas queimadas também eram comuns nos rituais em encruzilhadas. Ela reza, então, para Hécate, reconhecendo que, em sua tradição de honrar Hécate, ela está invocando toda divindade solitária e oferecendo também um cálice de mel. É nessa oferenda que Medeia pede a Hécate ajuda para o seu trabalho. Embora não fique claro que a ação seja numa encruzilhada, ela faz o trabalho tradicional de Hécate de se virar assim que o rito termina, indo embora, tomando o cuidado de não olhar para trás.

Mais adiante no capítulo, veremos como as práticas das antigas Bruxas podem nos ajudar a moldar nossa própria magia.

Oferendas nas encruzilhadas

Além das típicas ceias, é provável que três categorias de oferendas fossem deixadas nas encruzilhadas para Hécate: *katharmata, katharsia* e *oxuthumia*.[23] *Katharmata* incluía partes de sacrifícios feitos em templos e que não eram usados nas cerimônias, algo que incluía o refugo de sangue e água. *Katharsia* envolvia os restos reais de sacrifícios realizados nos templos ou em outros espaços rituais. *Oxuthumia* era um incensário de barro cozido usado para incensar a casa para proteção e, depois, era levado e deixado na encruzilhada (não está claro se o próprio incensário era deixado na encruzilhada ou se os detritos eram apanhados e queimados no incensário na encruzilhada).[24]

Nota: Na Antiguidade, alguns dos sacrifícios a Hécate eram bastante horríveis, e não conheço nenhum devoto moderno de Hécate que em algum momento os tenha imitado, tanto por razões legais quanto éticas. Eu os incluí aqui apenas para fins informativos – e, como uma verdadeira adoradora de cães, espero que ninguém, jamais, sequer pense em reproduzi-los.

Em muitos relatos, diz-se que cães negros ou outros animais negros foram sacrificados a Hécate, porque a cor estaria associada ao submundo e às trevas. Os animais brancos, por outro lado, eram com frequência sacrificados aos deuses

---

[23] d'Este e Rankine. *Hekate Liminal Rites*, p. 223.
[24] d'Este e Rankine. *Hekate Liminal Rites*, p. 223.

olimpianos, assumindo, talvez, que esses estivessem mais próximos da luz do sol e das estrelas.[25] Sacrifícios para os deuses olimpianos aconteciam durante o dia, enquanto os sacrifícios para os espíritos ctônicos ocorriam durante a noite.[26] Essas associações diurnas e noturnas podem ter alimentado a afirmação posterior de que os elementos de magia negra eram funestos e os de magia branca eram bons, visto que muitas tábuas de maldição eram associadas a divindades ctônicas. Eu aconselharia evitar os termos "magia negra" (*black magick*) e "magia branca" (*white magick*), porque, no trabalho de magia, as cores preto e branco não se associam realmente com o bem ou o mal. Além disso, essas cores apresentam conotações racistas evidentes e que, por isso, é recomendado deixá-las para trás.

As oferendas eram normalmente feitas em frente à estátua de um deus. Em alguns casos, na Grécia Antiga, as esculturas eram lavadas, vestidas e ornamentadas com joias, e até mesmo, às vezes, eram levadas para o deserto, sendo deixadas em retiro.[27] Divindades ctônicas, como Hécate, normalmente recebiam suas oferendas em uma caverna ou em um ádito, o qual fazia parte de um santuário reservado a mentores, sacerdotes ou sacerdotisas, porém, não estava disponível ao público em geral.[28] Esse espaço pode ter representado uma tumba. Tais espaços representavam o mundo dos vivos

---

[25] Guthrie. *The Greeks and Their Gods*, p. 221.

[26] Guthrie. *The Greeks and Their Gods*, p. 222.

[27] Johnston. *Restless Dead*, p. 60.

[28] Guthrie. *The Greeks and Their Gods*, p. 222.

e o dos mortos, uma encruzilhada propriamente dita. Se você tiver a sorte de viver próximo de uma caverna, considere deixar ali uma oferenda (desde que seja biodegradável e não afete o ecossistema). Para manter-se em segurança, considere deixá-la na entrada da caverna. Por sua vez, como alternativa, você poderá deixar uma oferenda à beira do rio, novamente, tendo em mente considerações ecológicas. Assim como o rio Estige (ou Styx) era um lugar de passagem do mundo dos vivos para o dos mortos, ele também pode ser considerado um tipo de encruzilhada.

Fazendo magia através dos rituais

Muitas Bruxas costumam repetir: "É tudo sobre sua intenção; se você acreditar em sua intenção, a magia vai acontecer". Isso é verdade, mas até certo ponto. Se eu entrasse em meu carro ou começasse a andar sem um destino pretendido, eu poderia dirigir em frente ou rodar em círculos. Isso não quer dizer que uma condução ou caminhada periódica sem rumo não seja boa para o bem-estar de alguém – porém, para chegar aonde queremos ir, precisamos estabelecer uma intenção, um propósito. Da mesma maneira, posso ter toda a intenção de ir à livraria, mas, se eu não me levantar e tomar as medidas adequadas para ir (me vestir, calçar os sapatos, pegar minha carteira), eu não chegarei lá. Do mesmo modo, ao fazer magia, a intenção deve estar aliada à ação. Ao rever as coisas que as antigas Bruxas de Hécate faziam para convocar seu trabalho, seja na encruzilhada ou em outros espaços mágicos, podemos aprender algumas coisas sobre como tornar a magia mais eficaz.

O melhor momento

As Bruxas da Grécia Antiga se concentravam com firmeza na hora certa de fazer sua magia a Hécate, que era realizada com mais frequência à meia-noite. Hoje, à meia-noite não é uma hora muito silenciosa, dada a prevalência da luz elétrica e da variedade de horários de trabalho; contudo, no tempo dos antigos gregos, onde as pessoas seguiam os ciclos do sol, meia-noite era uma hora realmente muito tranquila. Grande parte da magia requer um certo nível de privacidade. Neste mundo, no entanto, também é preciso um certo grau de praticidade. A meia-noite pode não ser prática para você, pessoalmente. Embora a maioria das Bruxas que conheço prefira a noite à madrugada, descobri que as horas que antecedem o amanhecer dispõem de magia extremamente potente.

A segurança deve ser também levada seriamente em consideração, sobretudo se você fizer seus ritos em um espaço sagrado ao ar livre. Quando morava em Nova York, eu fazia muito trabalho de magia nos parques, mas ia deliberadamente para lá durante os horários de pico, justamente por questões de segurança, e levava uma pessoa comigo se eu quisesse trabalhar numa área mais isolada. Tive o cuidado de ser discreta ao fazer meu trabalho e, em geral, poucas pessoas me notavam.

Muitas Bruxas gostam de incorporar horas astrológicas ou tabelas das marés em sua magia. As instruções para utilizar esses elementos estão fora do escopo deste livro, todavia, pode valer a pena levar em conta a escolha de um horário para lançar seus feitiços.[29]

Se seus ritos são específicos para Hécate, considere fazer o trabalho em alguns desses momentos:

- No último dia do mês.
- Durante a lua nova.
- Durante uma noite de lua cheia (embora a lua nova possa ser mais tradicional, Hécate está ligada a todos os elementos lunares – e a lua cheia é considerada um período sagrado para as Bruxas).

Limpeza

Os feitiços de Hécate dão uma grande ênfase à higiene pessoal antes de o trabalho ser realizado. Embora possamos não ter o contexto cultural completo para explicar por que isso era importante na Grécia Antiga, podemos dizer que, ao fazer o feitiço mágico, uma rotina de limpeza é útil para liberar energias ou outros elementos distratores antes de fazer o ritual.

Há vários anos, eu tinha um trabalho particularmente estressante e me sentia ansiosa quase todos os dias. Ao voltar para casa depois de um dia difícil, joguei minhas roupas no chão. Dormi até tarde no dia seguinte e desfrutei de uma manhã relaxante com meu marido, e me senti muito calma.

---

[29] De Theresa Reed. *Astrology for Real Life,* que é um excelente recurso para as correspondências astrológicas. Para tabelas de marés, recomendo o livro de Annwyn Avalon, *Water Witchcraft.*

Talvez por preguiça, vesti as roupas que havia deixado no chão no dia anterior, sem pensar em como elas estavam ligadas à energia do trabalho. Quase que de imediato, a ansiedade voltou. Como eu ia praticar magia com meu coven naquela tarde, coloquei logo roupas limpas, pois não queria trazer a energia carregada de ansiedade do dia anterior para a magia que estávamos tentando realizar em conjunto.

Uma limpeza energética pessoal antes de fazer magia é muito útil não apenas para você, mas também para a eficácia de sua magia. Ela pode ajustar sua mente ao trabalho que quer fazer e liberar qualquer energia negativa que você não queria levar para a magia.

Usar um rio para se limpar, como os feitiços acima sugerem, para muitos é impraticável. Mas uma limpeza com uma tigela de água ou um banho sagrado é perfeitamente aceitável. A defumação pode ser tão purificante quanto a água e pode ser uma opção mais fácil em alguns casos. Incluí algumas formas de limpeza fácil, feita com água e defumação no final do capítulo. Para mais recursos, veja *Deliverance!*, de Khi Armand, ou *Sacred Smoke*, de Amy Blackthorn.

Tenha em mente que a encruzilhada em si pode ser um excelente lugar para fazer um trabalho de limpeza energética pessoal.

Oferenda

Enquanto a maioria dos elementos da magia permanece sujeita à interpretação, fazer uma oferenda é um passo que não deve ser ignorado. Ao realizar uma oferenda aos deuses ou espíritos, você está construindo um relacionamento com eles. Se você dedicou tempo para acender velas, queimar incenso ou entoar uma canção a eles, é mais provável que esse deus venha em seu auxílio.

As oferendas da encruzilhada não precisam ser físicas. Na Grécia Antiga, recitar poesia ou cantar uma canção em louvor à deusa que estava recebendo o pedido eram perfeitamente aceitáveis. Teócrito apresenta Simaeta, que faz seu encantamento da seguinte maneira: "Que resplandeça brilhante, ó Lua. A ti, ó Deusa, direcionarei com prazer minhas canções, e a Hécate, do submundo, a qual até os cães de caça temem".[30]

As oferendas tradicionais a Hécate incluíam enguias, tainhas, pães e bolos de mel.[31] A composição exata do bolo de mel é desconhecida, mas aqui está uma receita básica, caso você queira fazer essa oferenda a Hécate:

Você vai precisar de:

† 2 xícaras de farinha
† 1 xícara de açúcar
† ½ xícara de manteiga (um pacote)
† mel

Misture todos os ingredientes até formar um bolo redondo.

Asse a 180º graus até dourar. Retire do forno e deixe esfriar. Transfira com cuidado para um prato.

---

[30] de Lancre. *On the Inconstancy of Witches*, p. 70.
[31] Rabinowitz. *The Rotting Goddess*, p. 64.

Cubra o bolo com mel e deixe-o como uma oferenda em uma encruzilhada ou junto com qualquer outra oferenda que você gostaria de fazer.

Procure usar ingredientes que você gosta e come. É fácil presentear itens que você pessoalmente não comeria. Mas é um presente maior quando se dá algo difícil. Eu tenho doença celíaca e não posso ingerir glúten. Não tenho problema nenhum em preparar um bolo com farinha comum para dar aos deuses. Eu só não posso consumi-lo de jeito nenhum! Mas, quando preparo algo usando minha farinha sem glúten, que é mais cara, eu também não consumo nada e deixo tudo para eles, estou fazendo um sacrifício especial. Entretanto, se o meu dinheiro estivesse contado ou eu não tivesse tempo de comprar os ingredientes sem glúten, mas dispusesse de farinha comum em casa, eu me contentaria com o que eu tivesse à mão.

Nos feitiços citados anteriormente, os escritores falam de ovelhas dadas em sacrifício, o que era uma prática comum naquela época. Não há necessidade de recriar essa prática ou qualquer ato similar. Se quiser oferecer carne como oferenda a Hécate, você pode comprar carne no mercado, cozinhá-la e comê-la como uma refeição sagrada em sua honra, ou preparar uma refeição para dar a alguém que esteja passando por necessidade. As oferendas de carne não são necessárias em hipótese alguma; itens vegetarianos ou de comida vegana são perfeitamente aceitáveis.

Se você tem interesse em construir um relacionamento com Hécate, considere criar uma rotina e fazer oferendas em determinados dias, como o trigésimo ou trigésimo primeiro dia do mês, mesmo que você não esteja lançando um feitiço ou pedindo alguma coisa a ela. Se estiver deixando suas oferendas na encruzilhada, cogite a possibilidade de enterrar ou queimá-las, tendo em mente o cuidado com o meio ambiente, pois isso invoca a maneira típica como Hécate era honrada e recebia oferendas no passado.

Roupas para o ritual

Muitas Bruxas adoram vestir-se de preto, no entanto, há muitas tradições que utilizam as cores brancas ou brilhantes quando trabalham com espíritos. A cor que você escolher para seus rituais a Hécate é o que menos importa, considerando o significado por trás do motivo que justifica a escolha da cor para você, a sua tradição e sua ascendência. Embora não constitua nenhuma transgressão de lei da Bruxaria fazer seu trabalho mágico vestindo a camiseta e a calça *jeans* que você colocou de manhã (eu faço isso o tempo todo), selecionar uma peça de vestuário específica para seu trabalho mágico melhora a sua experiência. Se roupas alternativas não forem possíveis ou se você não tiver tempo para trocar de roupa, até mesmo pegar um pedaço de pano (talvez um lenço) e colocá-lo ao redor do pescoço ou da cabeça antes de realizar o trabalho torna-se útil. O objetivo é sair de sua rotina normal, dizendo à sua mente e corpo, e aos espíritos ao seu redor, que você está se preparando para fazer magia. Isso permitirá uma abertura para sentir melhor os espíritos em seu entorno e remover, seja psicológica ou energeticamente, as distrações do cotidiano.

Trabalhando na encruzilhada ou em algum espaço sagrado

Quando você fizer seu trabalho, lembre-se de começar honrando os espíritos do lugar. Se você vive em uma terra colonizada, é respeitoso fazer uma oferenda aos espíritos dos habitantes originais da terra. Dependendo de quem foram essas pessoas, a oferenda adequada pode variar. Se você não tiver certeza, oferecer água limpa à terra é sempre aceitável e, em muitos casos, preferível, em vez de deixar alimentos que possam adoecer os animais ou poluir o meio ambiente.

Ao mesmo tempo, cuide de sua segurança pessoal, mas também aceite ficar desconfortável. Lembre-se, que a Bruxaria nem sempre é conveniente ou fácil. Isso não significa que você precisa sair do seu caminho ou entrar em um ambiente inseguro, mas os momentos de desconforto (sentir frio, molhar-se ou se sujar) são os que nos conectam totalmente com o poder da magia.

Não olhe para trás

Diz-se que não se deve olhar para trás depois de realizar trabalhos na encruzilhada para Hécate. Os praticantes do passado podem ter pensado que isso trazia má sorte, e talvez possa ser verdade. Porém, o maior trabalho é que faz parte do processo da magia. Depois de deixar sua mágica ir ao mundo, continuar olhando para ela é como espreitar o forno para ver se o bolo está subindo. **Dica:** Não faça isso! A mesma dica também inclui a adivinhação em excesso, seja através do Tarô ou de pêndulos, para ver como as coisas estão indo.

Libertar-se da necessidade de perfeição

Não será perfeito. Haverá sempre exceções. Às vezes, você precisa lidar com elas.

Normalmente, eu me visto de maneira adequada para onde for e calço os sapatos antes de sair de casa. Porém, se a casa estivesse em chamas, eu correria para fora usando qualquer coisa que estivesse vestindo. Se eu recebesse uma ligação de meu chefe querendo me ver imediatamente e suspeitasse que fosse por uma razão do tipo "xiiiii", eu não teria tempo para me preparar e fazer uma oferenda completa na encruzilhada. Nesses casos, considere fazer uma oração para invocar a ajuda de Hécate e talvez presenteá-la com algo mais tarde.

Se o dinheiro for escasso, não deixe de se alimentar pulando refeições ou vá andando até o trabalho a fim de apenas economizar e comprar um presente para os deuses. Os deuses pagãos não exigem que nos martirizemos. Nunca subestime o valor de um canto, recitar um poema ou recolher lixo de um espaço natural.

Abraçando Hécate nas encruzilhadas

Encruzilhadas simbólicas podem ser terríveis e, muitas vezes, nos fazem pensar se deveríamos ter seguido um caminho em vez do outro. É fácil temer as encruzilhadas, bem como a escolha que teremos de fazer, muito antes de nos encontrarmos lá. Quando chegamos a essas situações, há quase sempre um percurso claro a seguir. Entretanto, há menos perigo de se fazer uma escolha errada do que de permanecer durante muito tempo na encruzilhada. Os antigos gregos podem ter pensado que os espíritos atacariam caso uma pessoa ficasse por muito tempo e, talvez, eles o fizessem. Do mesmo modo, se sofrermos com uma decisão por muito tempo, nossas escolhas podem começar a esvanecer.

Por que o lugar onde as estradas se encontram provoca tanto medo e suscita a imaginação? Será porque é um ponto onde podemos facilmente nos perder tomando o caminho errado? Será porque há uma sensação inerente de perigo, talvez numa época em que os bandidos poderiam estar à espreita nesse cruzamento, ou porque eram espaços limítrofes, considerados como um domínio dos espíritos? Não importa o motivo, o fato é que eles representam uma mudança, e a mudança pode ser assustadora. Esses espaços representam o desconhecido e o misterioso. Assim, eles constituem o símbolo perfeito da Bruxaria e o confortável refúgio de Hécate.

Quando comecei a escrever este livro, eu me sentia desconectada de Hécate. É provável que isso tenha ocorrido devido à experiência comum e que acompanha a maioria dos esforços do escritor, no momento em que surge a dúvida sobre si mesmo e sua capacidade. A excitação calorosa que senti quando dei início à escrita diminuiu rapidamente. Fiz, então, um altar para Hécate, decorei-o e cuidei dele fielmente. Foi uma experiência agradável, mas eu ainda não a *sentia*. Assumi isso como um sinal para me levantar e me afastar do altar, indo procurá-la em outro lugar.

Por três noites seguidas – na noite antes da lua nova, na noite da lua nova e na noite seguinte –, visitei um pequeno bosque de árvores próximo a um cruzamento em forma de "T": uma encruzilhada genuína. Na primeira noite, cortei uma maçã em nove pedaços e os deixei em um círculo na base de um carvalho. Na segunda noite, quebrei três cabeças de alho em pedaços e os deixei também como oferenda. Na terceira noite, deixei água limpa. Nada de específico aconteceu, mas aquele espaço se tornou mágico. Ao passar por aquelas árvores enquanto fazia meu trabalho, senti que Hécate estava próxima. Pouco tempo depois, aprendi que o carvalho, em algumas tradições, é sagrado para Hécate. Percebi que a conexão tinha sido feita. Aquilo parecia mais leve e delicado do que eu esperava.

Realizar um trabalho de magia na encruzilhada é como tomar um café com Hécate. Se você tem em mente uma magia específica, fazê-la na encruzilhada é bom, não importa o que faça. Se você não tem certeza da magia que quer fazer, visitar uma encruzilhada pode ajudar a esclarecer. A encruzilhada de Hécate nos lembra, ainda, de um dos maiores papéis das Bruxas. Assim como Brimo foi deixada na encruzilhada e os demais acusados de assassinato também foram lançados na encruzilhada, o mundo da Bruxaria abraça aqueles que foram postos de lado pela sociedade dominante.

Feitiço de proteção

Desenhe o contorno de um cão. Dentro do corpo desse cão, escreva aquilo que você sente que precisa de proteção, por exemplo, sua posição no trabalho, seus filhos, seus animais de estimação, seu parceiro (ou parceiros), um membro idoso da família etc. Você pode até mesmo escrever seu próprio nome, se estiver precisando de proteção.

Uma vez listado o que deseja proteger, pegue um lápis de cera preto e preencha a imagem inteira, cobrindo os nomes e as palavras que você escreveu.

Dobre o papel para dentro três vezes. Enterre-o sob uma rocha em uma encruzilhada, de preferência à noite. Lembre-se sempre de que a segurança é primordial. Leve alguém com você, se necessário, mas saiba que também é possível fazer esse trabalho durante o dia.

Ritual para liberar a negatividade da casa ou do lar

Este ritual se inspira, em parte, pela antiga tradição dos gregos de purificar a casa pouco antes ou depois do parto, ou de purificar a casa contra os fantasmas, combinada com elementos do Hudu (ou *Hoodoo*) praticado nos Estados Unidos.

Começando pela parte de trás de sua casa, varra toda a sujeira para a frente e recolha-a. Remova quaisquer pedaços de plástico ou outras peças que não são biodegradáveis. Leve a sujeira varrida para a encruzilhada e, enquanto suas costas estiverem voltadas para a encruzilhada, jogue-as sobre seu ombro. Caminhe para casa e não se vire nem olhe para trás até que você tenha voltado para casa.

Nos dias seguintes, retorne às encruzilhadas para deixar uma oferenda de agradecimento a Hécate, tais como maçãs ou uma cabeça de alho.

Prece para ajudar você a passar por uma encruzilhada

Quando você estiver em sua própria encruzilhada e não souber qual escolha fazer, ofereça a seguinte oração logo pela manhã e pouco antes de dormir:

> Graciosa dama da encruzilhada,
> Portadora da Tocha, guardiã das chaves,
> guie-me enquanto sigo por esta trilha.
> Ilumine meu caminho, resguarde minha caminhada,
> Destranque o portão que leva ao meu melhor destino.

Considere carregar uma pitada de terra coletada de uma encruzilhada próxima enquanto você estiver deliberando sua decisão. Quando tiver feito uma escolha, devolva a terra à encruzilhada, juntamente com uma oferenda biodegradável a Hécate.

CAPÍTULO 5

Deusa dos Fantasmas

Sua seiva escurecida, como o limo de um carvalho da montanha,
ela coletou, para fazer sua droga, em uma concha do mar Cáspio,
depois de banhar-se primeiro em sete frescores perenes,
e sete vezes chamando Brimo – rugidora e criadora,
Brimo, caminhante da noite, soberana ctônica
sobre os mortos – numa noite sem luar, envolta num manto negro.
— **Apolônio de Rodes**, Argonáuticas.[1]

Os ritos funerários dos antigos atenienses eram temas sinistros. Os antigos gregos acreditavam que havia pouca esperança de alegria em uma vida

---

[1] Apollonios Rhodios. *The Argonautika*, trad. de Peter Green. Berkeley: University of California Press, 2008, p. 135.

após a morte. A morte não era um completo esquecimento para o indivíduo, mas as ideias convencionais de vida após a morte ofereciam, no mínimo, um conforto para os moribundos ou enlutados. Enquanto se acreditava que os grandes heróis e as grandes almas viviam uma exceção, a maioria das almas era levada pelo deus Hermes ao submundo por uma eternidade para uma existência sombria e desagradável, governada pelos insensíveis deuses Hades e Perséfone. Um dos símbolos de Hécate, o chicote, era um símbolo de poder no submundo, e potencialmente comum para controlar ou mesmo punir a alma dos falecidos.[2] Por isso, os vivos não tinham nenhuma preocupação em ser recompensados ou punidos na vida após a morte por ações feitas enquanto vivos. Mesmo que alguém fosse piedoso e bondoso, ou covarde e cruel, ainda assim era provável que todos acabassem no monótono reino de Hades.

Talvez por causa dessa crença em uma mórbida vida após a morte, os ritos de luto eram realizados em visitas anuais a túmulos. Essas visitas incluíam sacrifícios destinados ao submundo, os quais, muitas vezes, incluíam alimentos, pois parecia haver preocupação com os mortos que passavam fome.[3] Acreditava-se que os fantasmas famintos, entediados ou desrespeitados assombravam os vivos e que, portanto, o apaziguamento adequado era essencial.

---

[2] Dimitar Vasilev Georgieff. "About Melinoe and Hekate Trimorphis in the Bronze Tablet from the Town of Pergamon". Disponível em: www.academia.edu, p. 3.

[3] Simon Price. Religions of the Ancient Greeks. Cambridge, UK: Cambridge University Press, 2006, p. 101.

Os antigos gregos não só acreditavam que os fantasmas existiam, mas os consideravam uma ameaça constante. Até mesmo o espírito de um membro amado da família poderia trazer doenças, infortúnios ou a morte a parentes vivos. Ritos intrincados, destinados a apaziguar os mortos ou impedi-los de retornar, eram uma parte rotineira da vida. Descrita como uma deusa da qual inclusive os cães mais ferozes se acovardavam enquanto caminhavam entre as sepulturas, Hécate poderia proteger os vivos de espíritos potencialmente nocivos e inquietos ou encorajar tais espíritos a causar problemas para os vivos.[4] Uma relação saudável com Hécate era vital para manter os mortos a uma distância segura.

Ao mesmo tempo, os mortos tinham também a capacidade de ser prestativos. Os mortos perigosos poderiam ser aproveitados pelas Bruxas para ajudar em feitiços. Cemitérios, assim como encruzilhadas, eram espaços poderosos para realizar Bruxaria. Os antigos gregos acreditavam que os mortos permaneciam perto do túmulo, *mas* também que a alma escapava do reino terreno, morando tanto no túmulo quanto no Hades, do mesmo modo como muitos cristãos de nossos dias acreditam que a alma descansa tanto em um túmulo quanto no céu. Descrições de antigos ritos funerários gregos sugerem que os recém-mortos podiam ouvir os vivos e receber oferendas, potencialmente para fazer o que os vivos

---

[4] Jerusha Behari. "Ambivalent Goddesses in Patriarchies: A Comparative Study of Hekate in Ancient Greek and Roman Religion, and Kali in Contemporary Hinduism", Tese de Doutorado (Ph.D.), University of KwaZulu-Natal, 2011, pp. 169-70.

pediam.⁵ Para solicitar os serviços desses mortos, os fantasmas precisavam receber cuidados antes que pudessem interagir com os vivos.⁶ As ceias de Hécate postas nas encruzilhadas não só ajudavam a evitar que os mortos desamparassem os vivos, mas também os apaziguavam, atraindo-os para uma causa. Acreditava-se que Hécate poderia ser persuadida a manter os mortos trancados no submundo para que não incomodassem ninguém, ou libertá-los para que pudessem ajudar uma Bruxa com um feitiço.

Os cemitérios eram espaços férteis para todos os tipos de magia, mas particularmente as mais perniciosas ou prejudiciais. Essa magia, aliada ao terror básico e natural causado pelos cemitérios, pode ter ajudado a moldar os aspectos mais sinistros da reputação de Hécate.

Hécate e os mortos

Como uma intermediária regular entre o mundo dos deuses e o dos homens, Hécate serviu como um espírito mensageiro entre os vivos e os mortos. Contudo, esse papel era considerado tão temível quanto útil. Com frequência, Hécate era mostrada assombrando o submundo como uma figura feminina monstruosa acompanhada por cães. Sua associação com a lua negra representava ou consolidava ainda mais sua

---

[5] Sarah Iles Johnston. *Hekate Soteira*: A Study of Hekate's Roles in the Chaldean Oracles and Related Literature. Atlanta, GA: Scholars Press, 1990, p. 7

[6] Johnston, *Hekate Soteira*, 8.

relação com o submundo, em especial com fantasmas e demônios, uma vez que a lua negra tinha conexões ctônicas.[7] Em uma tradução de seu nome como "uma centena", acreditava-se que ela possuía o poder de subjugar os espíritos dos mortos insepultos que, caso contrário, permaneceriam vagando por cem anos.[8] Também se dizia que Hécate enviava, durante à noite, demônios e espíritos do submundo para morar em túmulos ou em locais próximos ao sangue de pessoas assassinadas, e para ensinar sortilégios e bruxaria nas encruzilhadas àqueles que tivessem coragem suficiente para buscá-los.[9] Inclusive em *Macbeth,* de Shakespeare, as Bruxas, que adoravam e trabalhavam para Hécate, convocaram uma variedade de mortos para desfilar diante de Macbeth, tanto para confortá-lo como para alarmá-lo. Acreditava-se que, se alguém sofresse de pesadelos, teria sido atacado por Hécate ou por algum "agente" enviado por ela.[10] Dizia-se que, nas noites sem lua, Hécate circulava entre as sepulturas, carregada nas costas por seus cães e acompanhada por aqueles que haviam morrido jovens.[11] Pensava-se que, se alguém estivesse

---

[7] Charlene Spretnak. *Lost Goddesses of Early Greece: A Collection of Pre-Hellenic Myths.* Boston: Beacon Press, 1992, p. 76.

[8] J. E. Lowe. "Magical Hekate", em: *The Goddess Hekate: Studies in Ancient Pagan and Christian Religion and Philosophy,* Vol. 1, Stephen Ronan (org.). Hastings, UK: Chthonios Books, 1992, p. 12.

[9] Lowe. "Magical Hekate", p. 14.

[10] Martin P. Nilsson. *Greek Folk Religion.* Nova York: Columbia University Press, 1971, p. 112.

[11] Semni Karouzou. "An Underworld Scene on a Black-Figured Lekythos", *The Journal of Hellenic Studies* 92 (1972), p. 72

possuído por espíritos ou terrores noturnos, ou ainda tivesse sido por doenças que obrigassem a sair da cama, Hécate seria a responsável, tendo invadido o corpo dos aflitos.[12]

Acreditava-se que Hécate controlava as ações dos mortos. Alguns desses mortos, em particular, representavam uma ameaça, como é o caso dos insepultos ou daqueles que tinham morrido jovens, pois eles podiam ficar furiosos e, assim, tentar prejudicar os vivos – era justamente sobre esses dois tipos de mortos que Hécate mantinha uma proteção especial.[13] Honrar Hécate poderia ser fundamental na capacidade dos vivos para apaziguar e se proteger dos mortos vingativos. Era comum colocar uma imagem de Hécate na soleira de casa para impedir a entrada de fantasmas.[14]

Alguns defendem que Hécate sempre teve conexão com os mortos e que foi sua ligação com a Bruxaria, em vez da morte, que lhe deu uma reputação sinistra, já que as Bruxas são consideradas abomináveis há séculos.[15] No entanto, a relação de Hécate com os mortos não foi associada à paz eterna, mas sim aos maiores medos da humanidade em

---

[12] Derek Collins. *Magic in the Ancient Greek World* (Malden, MA: Blackwell Publishing, 2018), p. 37.

[13] Sarah Iles Johnston. *Restless Dead: Encounters Between the Living and the Dead in Ancient Greece.* Oakland: University of California Press, 1999, pp. 30-1.

[14] L. R. Farnell. "Hekate's Cult", em: *The Goddess Hekate: Studies in Ancient Pagan and Christian Religion and Philosophy*, Vol. 1, Stephen Ronan (org.). Hastings, UK: Chthonios Books, 1992, pp. 31-2.

[15] William James Harvey. "Reflections on the Enigmatic Goddess: The Origins of Hekate and the Development of Her Character to the End of the Fifth Century B.C.", Dissertação de Mestrado, University of Otago, 2013, p. 5.

torno da morte. Embora Hécate tivesse controle sobre todos os mortos, ela estava especialmente ligada aos recém-falecidos bem como à alma daqueles que morreram prematuramente – seja por mortes violentas, seja as não naturais – ou àqueles a quem foram negados os ritos adequados de sepultamento. Esses espíritos incluíam assassinos, cujos corpos eram deixados com frequência em encruzilhadas. Seu nome alternativo – Brimo – sugere uma deusa furiosa e desordenada ligadas às profundezas da terra, uma "soberana dos mortos", tradicionalmente conhecida por vagar pelos cemitérios com seu bando de inquietos fantasmas e demônios.[16]

Contudo, nem sempre Hécate foi conhecida como a deusa dos espíritos. Antes do século V, Hécate era descrita como uma deusa benevolente. No final do século V, os escritores começaram a categorizar Hécate como uma deusa malévola ligada aos fantasmas, à Bruxaria e à feitiçaria que poderia e prejudicaria, ocasionalmente, as pessoas, em especial as mulheres em trabalho de parto ou os recém-nascidos. A razão para a mudança não é clara. É possível que eventos mundiais (fome, guerra ou desastres naturais) tenham alterado a reputação de Hécate de benevolente para sinistra, ou invocado uma maior crença e medo de fantasmas. Nos Estados Unidos, após a Guerra Civil, as crenças em fantasmas e assombrações dispararam, possivelmente em reação ao grande número de mortos anônimos enterrados sem ritos fúnebres socialmente aceitos, uma situação que teria enervado os

---

[16] Behari. "Ambivalent Goddesses in Patriarchies", p. 84

vivos.[17] Assim, situações em que os mortos não tenham recebido os cuidados ideais podem ter estimulado, entre os gregos e seus contemporâneos, o medo e a crença em fantasmas. Ainda, pode ser também que os gregos tenham absorvido crenças de outras culturas que temiam muito os fantasmas e as divindades ctônicas, como Hécate. É possível, também, que os textos que descrevem Hécate como uma deusa bela e generosa expressassem as interpretações pessoais de certos autores e sem refletir com precisão as opiniões de seus contemporâneos sobre Hécate.[18]

Hoje, deusas da morte como Hécate desfrutam de um ressurgimento em termos de popularidade. Isso pode ser um reflexo dos sentimentos modernos sobre a morte. Em razão dos avanços da medicina e de uma oferta mais abundante de alimentos, as pessoas estão vivendo mais tempo. A morte é, com frequência e talvez razoavelmente, assumida como algo que acontecerá "algum dia", e não é uma ameaça consistente, que permanece à espreita, do modo como era para civilizações mais antigas. Hoje, os mortos e moribundos são, muitas vezes, colocados fora do alcance da vista, o que torna a morte mais misteriosa. Alternativamente, com a instabilidade de tantos outros aspectos da vida moderna, como as mudanças climáticas e o aumento global do fascismo, a morte pode estar experimentando algum fetichismo.

Não importa a associação das Bruxas antigas ou modernas com os fantasmas, a relação de Hécate com os mortos

---

[17] *The Real Story of Halloween*, dirigido por Luke Ellis, 2010, A&E.

[18] Harvey. "Reflections on the Enigmatic Goddess", p. 132.

destaca os medos e as ligações com o maior mistério da vida: o que acontece quando morremos. As Bruxas modernas que honram Hécate podem experimentar outras camadas. Ao convidar Hécate para nossa vida, será que seremos confrontados com memórias difíceis? Será que precisaremos olhar para partes de nós mesmos que nos horrorizam? Convidar qualquer divindade para nossa vida, particularmente uma como Hécate, sempre proporcionará a oportunidade para uma introspecção desconfortável. Porém, tais deusas também proporcionam ferramentas mágicas úteis. Para identificá-las, primeiro é preciso olhar o que o submundo e os fantasmas que o habitam poderiam oferecer às Bruxas antigas.

Ritos de Hécate aos mortos

Hécate era uma parte importante dos antigos ritos gregos que homenageavam os mortos. As refeições (ou "jantares") com bolos, alho, tainha, ovos, queijo e arenque eram comumente deixadas nas encruzilhadas como oferendas a Hécate, convidando-a a proteger contra os fantasmas inquietos que se acreditava serem frequentes nesses lugares. Era considerado perigoso encontrar essas refeições e ainda mais perigoso consumi-las, pois pensava-se que os mortos amaldiçoariam alguém que encontrasse suas refeições. Se alguém se deparasse com uma pessoa se banqueteando com essa comida na encruzilhada, deveria deixar a área rapidamente e, em seguida, derramaria água sobre sua cabeça e convocaria uma sacerdotisa para carregar uma pena ou um cachorro ao seu redor para purificação, o que baniria qualquer poder poluente.[19] Também, poderia se acreditar que quem comesse o alimento talvez fosse possuído pelos mortos ou, até mesmo, virasse um fantasma – mais uma razão para evitar tais visões.

Tanto Hécate como os mortos eram consultados para purificação e proteção. Sua conexão com o cão foi emblemática de seu papel relativo à morte e ao submundo. Em alguns papiros de magia, Hécate, conhecida como uma amante dos cães e líder de matilhas, enquanto os cães uivavam, invocava, ela mesma uivando, como um cão.[20] Hécate era, às vezes, chamada de "a cadela" ou "loba".[21]

Os próprios cães eram considerados agentes dos mortos. Além de serem considerados – sob certas condições – assassinos, eles eram necrófagos, literalmente comedores dos mortos, que uivavam durante a noite, hora em que as pessoas tinham maior probabilidade de falecer ou de ver suas doenças piorarem. Porém, os cães também eram reverenciados como protetores naturais, particularmente do lar. Uma estátua de Hécate em Bizâncio (hoje Istambul, Turquia) comemorava o bom serviço dos cães que despertavam os cidadãos da colônia quando ocorria algum ataque durante a noite.[22] Em razão de suanatureza necrófaga, os cães podem ter recebido sua associação tanto com a purificação

---

[19] Rick Strelan. "'Outside Are the Dogs and the Sorcerers' (Revelation 22:15)", *Biblical Theology Bulletin 33*, nº 4 (novembro 2003), p. 154.

[20] Strelan. "'Outside Are the Dogs and the Sorcerers'", p. 155.

[21] Joan Marler. "An Archaeomythological Investigation of the Gorgon", em: *ReVision* 25, nº 1 (2002), p. 15.

[22] Farnell, "Hekate's Cult", p. 24.

quanto com os mortos, ao consumirem oferendas deixadas em ritos destinados a honrar ou abater os mortos, essencialmente limpando o espaço. Eles também eram capazes de consumir a energia negativa dos humanos.[23] Por essa razão, considerava-se bom invocar Hécate e seus cães de caça em lugares assombrados e encruzilhadas para sua proteção contra espíritos funestos ou inquietos.

Pode-se supor com segurança que os ritos hecateanos dos mortos eram bastante prevalecentes na Grécia Antiga. Uma maneira de dizer o quão poderosa pode ter sido uma crença ou prática é procurar as vozes que falavam contra ela. No último livro do Novo Testamento, a igreja cristã primitiva parece notar a poderosa presença tanto de Hécate como um dos ritos associados aos mortos por meio de sua admoestação contra eles:

> Abençoados sejam aqueles que lavam suas vestes, para que tenham direito à Árvore da Vida e possam entrar na cidade por seus portões.
>
> Lá fora, porém, estão os cães, os feiticeiros, os sexualmente imorais, os assassinos, os idólatras e todos os que amam e praticam a falsidade. (Apocalipse 22:14-15)

Esses versos destacam uma prática funerária comum da época, que era a de retirar as roupas do cadáver, lavá-las e vestir o cadáver com vestes brancas e limpas como um prelúdio

---

[23] Strelan. "Outside Are the Dogs and the Sorcerers'", p. 148.

ao que seria realizado. Em algumas regiões, as carpideiras também vestiam roupas brancas. Esses versículos podem ser um aviso contra o culto a Hécate e seus cães, um culto relativo ao espírito dos mortos, particularmente quando se observa a conexão com cães e assassinos (que foram enterrados no espaço sagrado das encruzilhadas de Hécate).[24] O próprio fato de que essas práticas foram destacadas e advertidas nos versículos ressalta, provavelmente, sua prevalência.

Bruxaria com os mortos

Visto que as encruzilhadas eram lugares onde os mortos se reuniam bem como onde o lixo doméstico costumava ser levado, é possível que se acreditasse que os mortos desempenhavam um papel nos ritos de purificação nas encruzilhadas. Os cemitérios também eram lugares ativos para a Bruxaria. Um desses atos envolvia o uso da tábua de maldição ou *Katádesmos*, a arte da magia voltada a fazer o mal aos inimigos, ou aferrá-los aos mortos no mundo subterrâneo.

É possível que a falta de fé em uma vida após a morte agradável tenha sido responsável pelo uso das tábuas de maldição de chumbo.[25] Os antigos gregos podem ter acreditado que seus mortos estavam entediados e, portanto, dispostos a ajudar uma pessoa viva com um esforço mágico. Seria preferível valer-se de um espírito, com alguma razão para estar

---

[24] Strelan "'Outside Are the Dogs and the Sorcerers'", p. 151.

[25] Price. Religions of the Ancient Greeks, p. 101.

inquieto, realizar um feitiço, assim eles não estariam inclinados a assombrar. As Bruxas que procuravam o auxílio dos mortos prefeririam particularmente as almas inquietas de jovens ou de pessoas mortas prematuramente.[26] Hécate, em seu papel de guardiã e guia desses fantasmas, era invocada com frequência antes da organização, pois ela podia entregar essas almas ao conjurador.

As tábuas de maldição eram colocadas em santuários subterrâneos e/ou fontes de água, sepulturas ou qualquer outro local que propiciasse um contato com os mortos, em especial os mortos recentes ou prematuros. Essas almas inseguras poderiam mais facilmente levar a mensagem para o submundo, onde o resultado seria forjado.[27] A vítima do feitiço seria amarrada e restringida em seus esforços pelas almas invocadas pelos trabalhos da Bruxa.[28]

As tábuas de maldição cobriam uma ampla gama de questões: disputas legais e políticas, rivalidade comercial e questões sexuais, tais como atrair um amante ou amaldiçoar um rival. Acredita-se que os mortos eram consultados para assuntos nos quais duas pessoas competiam e apenas uma poderia vencer, como uma corrida de carroça, um processo judicial ou um caso amoroso.[29] Em uma dessas maldições, lê-se:

---

[26] Alexander Hollmann. "A Curse Tablet from the Circus at Antioch", em: *Zeitschrift für Papyrologie und Epigraphik* 145 (2003), p. 77.

[27] Price. Religions of the Ancient Greeks, p. 101.

[28] Collins. Magic in the Ancient Greek World, p. 10.

[29] Johnston. *Restless Dead*, p. 31.

> Que Ferênico seja amarrado diante de Hermes Ctônio e Hécate Ctônia. [...] Atarei antes deles Galena [o nome de uma prostituta], que está mancomunada com Ferênico. E assim como o chumbo que é desdenhado e frio, da mesma forma também Ferênico e seus pertences que sejam desdenhados e frios. Suceda o mesmo com tudo aquilo que os asseclas de Ferênico espalham e tramam contra mim.
>
> Que Tersilochus, Oenofilos, Filotios e qualquer outro defensor legal de Ferênico sejam obrigados diante de Hermes Ctônio e Hécate Ctônia. E eu uno a alma, a mente, a língua e os planos de Ferênico, o que quer que ele faça e conspire a meu respeito, que todas as coisas sejam contrárias para ele e para aqueles que conspiram e agem com ele.[30]

Podemos perceber que a pessoa que escreveu a maldição foi ameaçada, ou pelo menos incomodada, por Ferênico, o suficiente para desejar mal não só a ele, mas a todos aqueles que se associam a ele. É possível que Ferênico fosse dono de um bordel e a pessoa responsável pela magia fosse sua concorrência, possivelmente outro(a) trabalhador(a) do sexo ou dono(a) de um bordel. A criação dessa tábua de maldição provavelmente foi de alto custo e, para maximizar seus efeitos, quem a inscreveu fez questão de mencionar todos que poderiam ser uma ameaça na época ou no futuro.

---

[30] Price. *Religions of the Ancient Greeks*, pp. 101-02.

Uma coleção de tábuas de maldição encontrada em 2003 envolve Hécate, Ártemis e Hermes e visa um casal que dirigia uma taverna, sendo a rivalidade comercial o motivo mais provável para lançar o feitiço.[31] Algumas das tabuas descrevem ações rituais empregadas durante o processo de maldição: cantos, figuras de cera, fios de cabelo e pedaços de roupas (possivelmente pertencentes à pessoa amaldiçoada). Esses rituais eram provavelmente dinâmicos e pessoais e não vinculados a nenhum tipo de ortodoxia.[32] Um feitiço da coleção apresenta o seguinte texto:

> Hécate Ctônia, Ártemis Ctônia, Hermes Ctônio
> Lancem seu ódio sobre [nome]
> e seu empenho, poder e posses.
> Amarrarei meu inimigo [nome], em sangue e cinzas com todos os mortos. Nem o próximo ciclo de quatro anos o liberará.
> Eu o amarrarei em um vínculo tão forte quanto possível. E fustigarei sua língua.[33]

As tábuas de maldição não deixam margem para erros. A tábua acima se refere a um ciclo de quatro anos, no qual a maldição não pode ser levantada, enumerando mais tarde uma série de outras divindades do submundo que não foram

---

[31] Jessica Laura Lamont. "A New Commercial Curse Tablet from Classical Athens", em: *Zeitschrift* für *Papyrologie und Epigraphik* 196 (2015), p. 159.

[32] Lamont. "A New Commercial Curse Tablet from Classical Athens", p. 173.

[33] Essa é minha interpretação pessoal. Com base na tradução encontrada em Lamont, "A New Commercial Curse Tablet from Classical Athens", p. 162.

autorizadas a abandonar a maldição mesmo sob as circunstâncias mais tentadoras.[34] Essas tábuas de maldição foram usadas não só como um meio de corrigir erros, mas também como uma forma de subjugar a concorrência. As tábuas de maldição podiam ser encontradas entre os membros educados e ricos da sociedade, sugerindo que essa prática era mais do que uma superstição marginal, tratava-se de um rito bastante reconhecido dentro da fé e da cultura, atravessando contextos econômicos e demográficos.[35]

Alguns desses feitiços poderiam deixar algumas Bruxas modernas desconfortáveis, pois muitas não acreditam que amaldiçoar ou usar magia para manipular uma situação seja ético. No entanto, devemos considerar o contexto. As práticas religiosas e espirituais tendem a se tornar extremas quando os praticantes experimentam um ambiente extremo. As maldições acima foram criadas e usadas durante um período historicamente dominado pela guerra e por alianças políticas mutáveis.[36] É provável que as maldições funestas tenham surgido do desespero, não da maldade.

As Bruxas fazendo o trabalho

Os feitiços realizados à beira dos túmulos eram comuns e as tábuas de maldição eram muitas vezes depositadas pelas carpideiras durante os rituais mortuários ou logo após o enterro,

---

[34] Lamont. "A New Commercial Curse Tablet from Classical Athens", p. 167.

[35] Price, *Religions of the Ancient Greeks*, p. 101.

[36] Lamont. "A New Commercial Curse Tablet from Classical Athens", p. 173.

em geral por um membro da família ou outro parente próximo.[37] Acreditava-se, talvez, que os recém-mortos podiam ouvir melhor os pedidos dos vivos do que aqueles que já tinham falecido muito antes. Quem dera, os recém-mortos pudessem levar as petições na medida em que desciam ao submundo, onde a intenção poderia se manifestar mais rapidamente. Ou, ainda, o objetivo poderia ser oferecer ao recém-morto algo para fazer em sua vida após a morte, no intuito de que o espírito não se tornasse inquieto e assombrasse potencialmente os vivos.

As mulheres mantinham os túmulos e realizavam ritos de sepultamento para parentes mortos. Como as mulheres tinham acesso frequente à sepultura, era provável que fossem elas a deixar as tábuas de maldição. Em assuntos relacionados ao sucesso fiscal, maridos, esposas e potenciais dependentes (escravos e filhos), todos trabalhavam juntos em empreitadas sobrenaturais. Maldições que visavam casais ou empresas poderiam ser consideradas um assunto doméstico ou de trabalho, potencialmente exigindo vários membros da família ou do local de trabalho para tomar parte no depósito.[38]

Uma regra fundamental da magia é que ela deve ser realizada em segredo, para que não seja interrompida por outros com assuntos conflitantes. Uma mulher poderia realizá-la em segredo, fazendo parecer que ela estava cuidando de uma sepultura quando estava realmente depositando uma tábua que amaldiçoava um rival. É provável que esses atos fossem

---

[37] Lamont. "A New Commercial Curse Tablet from Classical Athens", p. 160.
[38] Lamont. "A New Commercial Curse Tablet from Classical Athens", p. 160.

realizados à noite, possivelmente em dia de lua nova, quando menos luz seria propícia ao sigilo. Considerando que a lua nova, os mortos e o cemitério eram todos domínios de Hécate, ela era certamente importante para o processo.

Era durante a noite que os fantasmas vagueavam pela terra, e Hécate, como deusa dos espíritos inquietos, vagueava com seus cães do inferno. As Bruxas teriam realizado sua magia mais perigosa nessa época, fora da vista bem como com a ajuda de Hécate e seus espíritos servos.

Como *Macbeth*, de Shakespeare, considera os detalhes do assassinato que cometerá, ele observa que a noite é escura e feita para as profecias das Bruxas, assim como de Hécate:

> [...] Agora metade do mundo
> A natureza parece morta, e os sonhos perversos iludem
> A cortina adormeceu; a bruxaria celebra
> as oferendas à Pálida Hécate, e o esquálido Assassinato,
> Alertado por sua sentinela, o lobo,
> cujo uivo é seu relógio [...][39]

Escuridão, noite, segredo, sepultura: esses são os domínios de Hécate. Eles são assustadores, mas têm um lugar importante na vida. Para as Bruxas, devemos nos familiarizar com essas coisas, mesmo que nunca as amemos.

---

[39] *Macbeth*. Shakespeare, Ato 2, cena 1, Versos pp. 49-54. O texto original é: "Now o'er the one half world/Nature seems dead, and wicked dreams abuse/The curtain'd sleep; witchcraft celebrates/Pale Hecate's offerings, and wither'd Murder,/Alarum'd by his sentinel, the wolf,/Whose howl's his watch".

Fantasmas vivos: lições no escuro

Enquanto eu estava trabalhando no primeiro rascunho deste capítulo, meu cão me despertou muito antes do amanhecer. Eu não sabia que horas eram, pois estávamos com um apagão e não conseguia ver os números do meu alarme. Eu posso ser uma Bruxa, mas isso não significa que não tenha medo das primeiras e sombrias horas da manhã. Mas meu cão precisava sair e eu não queria lidar com um acidente. Rezei a Hécate para manter qualquer fantasma à distância e me concentrei no que estava imediatamente à minha frente: encontrar meu caminho até a porta dos fundos.

A escuridão ofereceu um presente: silêncio puro. Em razão do apagão, nem um único aparelho tinha energia. Sem o barulho da geladeira ou do aquecedor, eu podia apreciar a paz antes da aurora, uma espécie de quietude tão profunda que eu poderia ficar deitada nela por um mês. Também descobri que, uma vez que meus olhos se ajustaram, eu podia ver melhor sem uma lanterna. O raio luminoso tornava as coisas ainda mais assustadoras, lançando sombras maiores do que se eu simplesmente deixasse o escuro ser como era. Aprendi algumas coisas com aquela noite: nem toda escuridão precisa de luz; às vezes, é melhor deixá-la em paz. Além disso, quando temos mais medo, manter o foco na tarefa em vez de deixá-lo sobre os nossos medos nos ajuda a superá-los com facilidade. A resposta de Hécate à minha oração naquela noite veio com o lembrete do presente na escuridão. Nem sempre é um problema a ser resolvido. Períodos de escuridão podem, se os deixarmos, nos permitir ver as coisas de maneira diferente e talvez identificar nossa intenção mais pura.

Há outro tipo de escuridão a qual Hécate pode nos levar: a escuridão que está dentro de nós. Às vezes, precisamos revisitar nossos próprios fantasmas, exorcizando alguns e usando outros. Eu mesma vivenciei isso há alguns anos, embora já não fosse uma Bruxa inexperiente, eu ainda era uma nova sacerdotisa. Isso ocorreu quando eu vivia em Nova York. Tinha me reconectado recentemente com um antigo namorado que vivia em outro estado. Muitos anos antes, nós tivemos vários encontros, porém sempre nosso relacionamento terminava por diferentes razões, a maioria das quais motivada porque éramos jovens e inseguros sobre o que queríamos um do outro, contudo, em geral, eu acabava acusando-o de não levar a mim ou as minhas paixões a sério o suficiente. Entretanto, tínhamos amadurecido – foi o que pensamos. Deveríamos tentar mais uma vez. Ele veio me visitar um pouco antes do Halloween. Eu o arrastei por casas noturnas *underground*, apresentações burlescas, uma famosa casa assombrada e uma sessão fotográfica. Até nos preparamos juntos para o ritual de Halloween do meu coven. Eu lhe disse, e a mim mesma, que estava dando a ele uma experiência inesquecível em Nova York. Em retrospectiva, eu o estava testando. Será que ele poderia lidar comigo e com tudo o que me tornei? Será que ele finalmente respeitaria minhas paixões?

Através de tudo isso, ele sorriu e me acolheu, pacientemente e em silêncio. Ele não parecia julgar. Apenas parecia estar desfrutando de sua própria experiência.

Os rituais de Halloween, projetados para os participantes honrarem seus mortos, foram experiências intensas e catárticas para o meu coven. Muitos acreditavam estar compartilhando o espaço não apenas com seus amados mortos, mas também com a própria Hécate, pois faríamos um ritual de transe em alguém que pudesse falar em nome da deusa.[40] Não importa como uma Bruxa escolhe sua prática, a data comemorativa envolve honrar a morte – dos vivos, do ano velho e de partes de nós mesmos que precisamos deixar ir. Essas partes, como os fantasmas, podem nos chocar ou nos surpreender, particularmente na maneira como aparecem.

Naquele ano, meu minúsculo apartamento era um templo. Simbolicamente, descemos ao submundo, encontrando a deusa e recebendo suas bênçãos. Naquela época, em minha jornada sacerdotal, minha medida de sucesso de um ritual estava nas prostrações visíveis de meus convidados. Quanto mais gente chorava, melhor era o trabalho que eu fazia. Observando essa norma, eu fiz um trabalho espetacular naquela noite. Meus convidados choraram. Alguns se lamentaram. Alguns ficaram de joelhos, batendo no chão. Outros se agitavam, com seus corpos tremendo, risos abafados e o espírito da sala. As vidas estavam sendo mudadas. Eu podia ver isso. Bem, para a maioria dos convidados, pelo menos.

Durante todo o ritual, meu acompanhante ficou no canto com os braços cruzados, com a sobrancelha sulcada. Tentei ignorar sua expressão e me concentrar no ritual. Mas, à medida que a noite continuava, ele só parecia mais aborrecido.

---

[40] Para mais informações, ver: *Lifting the Veil*, de Janet Farrar e Gavin Bone.

Fiquei brava e depois furiosa. Eu estava compartilhando algo profundo e significativo para mim, algo que nunca havia dividido com ninguém, nem mesmo com os membros da minha família, muito menos com um parceiro íntimo, e lá estava ele, julgando tudo isso. Enquanto os participantes do coven cantavam, eu reavivei todas as brigas que tínhamos tido. Imaginei-o em um *blog* comentando o estranho culto que sua ex-namorada havia criado, talvez considerando-o como um grande clichê do tipo: "Nesse momento, é como se tivesse me esquivado de uma bala perdida, amigos". Enquanto libertávamos a deusa e a amada morte, meus outros convidados se abraçavam, secando suas lágrimas, eu estava mergulhada em meu ressentimento. Tinha sido um erro convidá-lo. Se Hécate é conhecida por sacudir os fantasmas dos armários, ela estava claramente sacudindo um dos meus. Lição aprendida. Obrigada, Hécate.

Depois que todos se foram, ele me perguntou se podíamos sair enquanto ele fumava. A noite estava alta e brilhante, com sons e luzes do Halloween de Nova York. Nós não falamos. Eu estava muito zangada e ele olhou para os carros e para as pessoas, ainda fumando silenciosamente. Esperei que ele condescendesse e pratiquei respostas na minha cabeça, pronta para defender a mim e o meu coven, e talvez até dizer a ele para fazer as malas e voltar para casa. Se ele fosse julgar, nosso fim de semana estaria claramente terminado.

Contudo, logo a seguir, ele me contou uma história de uma perda que havia sofrido no ano anterior. Não era a primeira vez que eu ouvia a história, mas neste relato eu de repente entendi o quanto a perda o havia afetado profundamente. Então, ficou claro para mim que ele percebeu a mesma coisa.

Ele acendeu um segundo cigarro e, com ele, apontou para o meu apartamento: "Algo aconteceu lá dentro".

Ele havia escondido sua tristeza, mas precisava lamentar. Hécate tinha mostrado isso a ele, ali na minha sala de estar, bem diante dos meus olhos críticos e cegos.

De repente, fiquei profundamente envergonhada. Eu havia presumido que ele estava me julgando, quando na realidade era eu quem o estava julgando. Talvez eu tivesse deixado o passado influenciar o presente, com argumentos e suposições antigas moldando minha perspectiva, porque sua reação ao ritual não foi a que eu considerava que deveria ter sido. Durante todo o tempo, esse homem, parado em silêncio e estoicamente no canto da sala, que sempre se havia descrito como sendo entre ateu e agnóstico, estava tendo uma experiência verdadeiramente profunda.

Hécate tinha de fato trazido à tona fantasmas do passado, mas não da maneira que eu esperava. Ela trouxe à tona meus velhos julgamentos empoeirados e mofados, quebrando meu termômetro de como a magia "deveria" afetar os outros. Às vezes, as maiores mudanças não são visíveis para ninguém, a não ser para quem as experimenta. Aquela noite me ensinou que, quando eu assumo que alguém está sendo crítico comigo, eu deveria parar e garantir que não sou eu mesma que estou me criticando e que, muitas vezes, isso é o que constitui a verdadeira face do julgamento que acreditamos estar recebendo.

Hécate é uma deusa das coisas que outros temem, entendem mal ou, até mesmo, expulsam do mundo convencional. Ela nos oferece conforto na escuridão. Ela ilumina os espaços que precisamos curar. Ela também pode nos mostrar a profundidade de nossa maldade, destacando nossos próprios poderes para ferir ou destruir. Ela nos lembra dos espíritos que nos precederam, conectando-nos com as lições que eles nos deixaram. Ela nos faz recordar a magia que está em nosso sangue. E, assim como a lua ilumina as trevas, Hécate ilumina o que há em nós de poderoso e amoroso, indulgente e gracioso. Ao passarmos por essas nossas vidas, há momentos em que nossas próprias bênçãos, qualidades incríveis que poderiam abalar a terra e renová-la inteira, se perdem também em um período de escuridão. Elas se tornam nossos próprios fantasmas, assombrando-nos, e muitas vezes tememos e fugimos delas. Mas tudo isso é domínio de Hécate e, assim como os antigos gregos lhe pediam que liberasse os espíritos para auxiliá-los com seus próprios esforços mágicos, nós também podemos pedir-lhe que liberte os espíritos para nos ajudar.

Trabalhando com Hécate e seus fantasmas

Não há como trabalhar com Hécate sem trabalhar com os mortos, e esse é sem dúvida um dos disfarces mais poderosos de Hécate. É possível que a natureza histórica do feitiço hecateano com os mortos seja algo que muitos hoje em dia poderiam considerar vil. Porém, é preciso lembrar o contexto dessas coisas. Era um tempo, um lugar e um povo diferentes. Podemos aprender com a história sem sentir a necessidade de reproduzi-la ou depreciá-la.

Alguns desses trabalhos, particularmente os trabalhos de encantamento em cemitérios, exigem uma grande dose de cuidado e consciência. Se você decidir fazer trabalhos de magia em um cemitério, não deixe de verificar suas leis locais e as regras individuais do cemitério. O trabalho de Hécate com os mortos requer oferendas, mas nem todas são apropriadas para todos os cemitérios. Em segundo lugar, devemos oferecer respeito tanto pelos vivos quanto pelos mortos.

Enquanto os cemitérios guardam os restos mortais dos falecidos, seu serviço é realmente para os entes queridos sobreviventes, proporcionando um lugar para eles lamentarem suas perdas. A necessidade de privacidade e sigilo de uma Bruxa moderna pode ser menos sobre "ser apanhada" e mais sobre não incomodar os que estão de luto.

Da mesma maneira, o que é uma Bruxa sem o trabalho com fantasmas e espíritos? Embora hoje poucas de nós tenham acesso às sepulturas de nossos amados mortos ou capacidade de cuidar delas, podemos manter altares em nossas casas com velas, fotografias e outros artefatos que nos ligam aos nossos falecidos. Em qualquer cultura ao redor do mundo, a Bruxaria é consistentemente ligada à homenagem e à conexão com os mortos, sobretudo com os antepassados. Isso pode ser tão simples quanto deixar uma xícara de chá ou café pela manhã para seus falecidos (o que é algo que meu marido e eu fazemos regularmente), acender velas para eles e dizer seus nomes em voz alta periodicamente. Quando chegar a hora de precisar de proteção ou assistência, se eles tiverem sido apaziguados, é provável que ajudem você em seu esforço.

Com isso em mente, antes de fazer qualquer trabalho no cemitério, comece construindo uma relação tanto com o espaço quanto com os espíritos que ali descansam. O ideal é fazer seu trabalho em um cemitério no qual você tenha amigos ou parentes sepultados. Mas o trabalho com os mortos nem sempre requer um cemitério. Se você não puder visitar os túmulos de seus falecidos, ou se eles foram cremados e não tiverem um local de sepultamento, considere a construção de um altar para seus entes queridos já falecidos em sua casa. Meu marido e eu temos uma prateleira na parede de nossa sala de estar dedicada aos membros de nossa família e amigos falecidos. Acender uma vela no altar é uma boa maneira de fazer uma oferenda aos antepassados. Ela também os avisará quando você quiser a atenção deles.

Se possível, esses altares são melhor mantidos no centro do lar para que possam ser cercados de calor e energia viva, e talvez para que possam "ver" o que está acontecendo com seus entes queridos vivos. É bom oferecer periodicamente outros refrigérios, tais como uma xícara de café ou chá, ou um copo de vinho ou licor. Algumas pessoas oferecem tabaco se seus entes queridos mortos fumavam quando vivos. Muitas tradições abraçam isso, no entanto, acredito que a escolha é pessoal. Uma Bruxa amiga minha costumava oferecer licor e cigarros aos seus entes queridos mortos. Como ela disse: "Eles sempre me trouxeram o que eu queria"; mas ela também se sentia um pouco estranha com aquilo. Só quando ela deixou de oferecer as substâncias que haviam matado seus entes amados é que sua própria vida floresceu. Eu tento encontrar um equilíbrio. Normalmente ofereço café ou chá aos meus amados mortos, mas em ocasiões especiais, como em uma festividade, eu os agrado um pouco mais.

Eu, pessoalmente, não costumo trabalhar com frequência em cemitérios. Sei que ficaria triste se visitasse o túmulo de meu avô e descobrisse que um estranho enterrou um trabalho de feitiçaria ali. Entretanto, muitas tradições usam túmulos de pessoas desconhecidas da Bruxa para fazer Bruxaria. Não cabe a mim dizer que isso, como prática geral, está errado.

Se você sentir necessidade de valer-se de um cemitério (digamos, se você não puder manter um santuário em sua casa e não puder ter acesso a um cemitério no qual tenha parente ou pessoas conhecidas enterradas lá), considere o uso de um cemitério mais antigo, talvez um que não seja regularmente visitado e cuidado. Quando eu era pequena, costumava implorar à minha mãe para levar minha irmã e eu até um cemitério muito antigo, perto da piscina, onde nadávamos nas tardes de verão. Os túmulos tinham todos mais de cem anos e, em grande parte, haviam sido abandonados. As ervas daninhas cresciam entre as pedras, e os nomes eram em sua maioria desbotados e ilegíveis. Os mortos clamavam por atenção. Se, no futuro, eu sentir necessidade de realizar um trabalho no cemitério, é ali que o farei.

Se utilizar esse tipo de cemitério, evite fazer sua primeira visita àquele em que você pede ajuda com um feitiço. Comece por formar uma relação com os mortos que estão lá.

Limpe os túmulos, o terreno e as lápides. Tome cuidado para não caminhar diretamente sobre túmulos mais antigos – primeiro, por respeito e, segundo, para evitar que eles desabem.

Traga flores frescas. Fale com os mortos. Cante para eles. Se seus nomes forem visíveis, diga-os em voz alta. Se algum símbolo religioso sugerir sua religião em vida, tente oferecer uma oração a partir de sua fé. Mesmo que você não conheça ou não pratique daquela fé, a maioria das almas aceitaria de bom grado qualquer oração bem-intencionada dita na língua dos vivos.

Ao deixar o cemitério, tome cuidado para não trazer nenhum espírito curioso ou entediado para casa com você. Algumas técnicas realizadas na chamada "*folk magick*" (ou magia tradicional) sugerem o seguinte:

† Após deixar o cemitério, vire à esquerda em círculo três vezes e bata o pé esquerdo.
† Faça três paradas no caminho de casa (por exemplo, no posto de gasolina, na mercearia e na cafeteria).
† Pegue um caminho que atravessa um riacho, rio ou outra fonte de água.
† Antes de entrar em sua casa, toque e escove os ombros para que os espíritos saibam que eles não podem "montar" em você para entrar em sua casa.

Então, quando você precisar mesmo desse auxílio, certifique-se de fazer uma oferenda que seja agradável aos espíritos (tabaco, água, doces, flores etc.). Certifique-se de que tudo o que você deixar é biodegradável e não tóxico para os animais. As chamadas "bebidas espirituosas" não devem estar acondicionadas em plástico, isopor ou em itens que não se decompõem rapidamente ou que acabem por poluir nosso sistema de águas. O mesmo deve valer para os materiais de seu feitiço real. Se você estiver escrevendo seus feitiços, certifique-se de usar papel natural que se decomponha facilmente.

Enquanto você trabalha com os espíritos para sua assistência, certifique-se de continuar a alimentar regularmente suas sepulturas. Quando o feitiço se manifestar, é importante lembrar aos espíritos que o trabalho deles está feito e que já podem voltar a descansar. Isso pode envolver uma visita aos seus túmulos e convidar os espíritos a retornarem, inclusive cantando para levá-los de volta ao sono, evitando assim que se percam ou fiquem confusos.

Trabalhando com Hécate e os mortos

Trabalhar com Hécate e os mortos pode ser útil. Pense nisso como se Hécate examinasse os candidatos para o trabalho mágico que você quer realizar. Ela está ciente de suas necessidades e pode ajudar a selecionar corretamente os mortos que permitirão a você colocar em prática o trabalho que deseja realizar. Certifique-se de dar uma oferenda a Hécate antes e depois de convidar os mortos para trabalhar com você.

Se você usar uma ferramenta, como uma varinha ou um punhal, esse pode ser o momento de trazê-los à cena. Se não utilizar tais ferramentas, você também pode usar o dedo.

Com uma ferramenta ou com o dedo, desenhe um círculo no chão perto do altar ou do túmulo da alma com a qual você quer trabalhar. Em seguida, desenhe um portal, dizendo as seguintes palavras em voz alta:

> Hécate, senhora e guardiã dos portais,
> Eu te convido, eu te invoco, eu te busco;
> Abra os portões e permita que os espíritos entrem.
> Proteja-me dos espíritos funestos,
> Traga somente aqueles que desejam ajudar.
> Eu ofereço [diga quais oferendas]; em troca, procuro [diga com o que você precisa de ajuda].

Ritual para libertar um fantasma simbólico

Às vezes, experiências ou lembranças de pessoas vivas podem nos assombrar. Lutamos para deixar de nos concentrar nelas e, de repente, nos encontramos repetindo conversas antigas em nossa cabeça. Esses são fantasmas simbólicos. Embora não sejam espíritos reais que nos importunam, eles podem nos perturbar da mesma maneira.

Enquanto trabalhava neste capítulo, eu tinha um sonho recorrente com uma pessoa do meu passado. Há muitos anos, tínhamos terminado nossa amizade de um modo bastante doloroso. Não era uma opção pedir desculpas, então me vi muitas vezes falando com essa pessoa na minha cabeça, dizendo que sentia muito pela minha parcela de culpa. No sonho, estávamos na mesma sala, mas nos ignorávamos o máximo que podíamos. Meditei com Hécate para perguntar por que eu continuava sonhando com essa pessoa e tive uma visão do seguinte feitiço. Embora eu não soubesse o que fazer quando iniciei o feitiço, antes de completar o ritual, percebi que meu contínuo pedido de desculpas nos mantinha ligados energeticamente, impedindo que ambos avançássemos com nossas vidas. Na noite seguinte, sonhei que dizia adeus a essa pessoa e eu ia embora.

Antes de iniciar o feitiço, encontre primeiro uma imagem representando a pessoa ou situação. Caso não seja possível, use uma carta de Tarô que tenha a imagem de duas pessoas. Escreva suas iniciais debaixo de uma das imagens e as iniciais da outra pessoa ou a situação na outra. Como alternativa, escolha uma carta de um baralho que tenha um rosto. Escreva suas iniciais e as da outra pessoa ou da situação debaixo de um lado de cada face.

Usando um pouco de óleo picante (óleo de pimenta picante é bom ou um molho picante, como o Sriracha), unte cada face da imagem ou carta de baralho. Lave as mãos logo depois.

Corte as duas faces, separando-as, e declare-se livre da situação.

Ao ar livre ou em uma área bem ventilada, queime a carta de baralho. À medida que a fumaça aumente, declare que os laços foram cortados. Se não for possível queimar a carta, um ritual de esmagamento, no qual se dissolve a carta em água salgada, também é eficaz. (Para saber mais sobre rituais de esmagamento, veja *Water Witchcraft,* de Annwyn Avalon).

Espalhe as cinzas ou a água em uma encruzilhada, deixando ou fazendo uma oferenda a Hécate e a quaisquer espíritos que queiram consumir os restos energéticos do trabalho que você realizou.

CAPÍTULO 6

A Deusa Perigosa e a Bruxa Perigosa

~~~

Hécate não é uma salvadora. Ela não vai lhe dar apoio, consertar tudo e tirar você da lama. Ela lhe dará a corda, a pá, as chaves ou a tocha, e esperará que você se levante e saia. Ela não é uma mãe no sentido de biscoitos e leite. Ela não vai beijar seus dodóis e fazer com que tudo melhore. Ela é mais densa do que isso – e espera que você também seja. Hécate é uma Bruxa porque é engenhosa. Ela é a pessoa que está liderando a marcha pela igualdade das mulheres; ela é a bibliotecária que é capaz de encontrar o livro certo para você, dando-lhe apenas a cor e um título vago. Ela é a amiga que diz: "Não se preocupe, sente-se, beba um pouco de água/vinho, eu tenho isso". Ela é a pessoa que mantém a cabeça fria em meio a uma crise. Ela faz o trabalho porque precisa ser feito, não para receber elogios. Hécate está envolvida em minha vida antes mesmo que eu soubesse disso. Na maioria das vezes, seus sinais e empurrões são sutis – não são evidentes. Exigem que você olhe um pouco mais fundo. Ela não é de gritar.

– SARAH BITNER, SACERDOTISA MODERNA DE HÉCATE

O caminho da Bruxa é perigoso. Esses perigos podem ser simbólicos, pois podem nos empurrar para abraçar e aceitar partes de nós que preferimos manter ocultas. Algumas vezes, no entanto, eles se manifestam nas estranhas situações que surgem na medida em que percorremos esse caminho. Quando morei em Nova York, me encontrei nessa situação enquanto fazia um trabalho para Hécate. Eu estava voltando para casa depois de ir ao correio, onde havia remetido uma doação de livros para uma amiga e sacerdotisa de Hécate que estava montando uma biblioteca para presidiários pagãos. Quando cheguei ao meu prédio, uma jovem mulher se inclinou para fora da porta da frente, gritando para um homem que descia correndo as escadas, levando a bolsa dela debaixo do braço, e fugindo para longe. Eu nunca tinha visto essa mulher antes, mas ela se jogou em meus braços, chorando. Quando a polícia chegou, acabei indo com ela na viatura que nos levou para identificar o homem, que havia sido pego a cerca de seis quarteirões de distância.

Enquanto eu estava sentada com ela na delegacia, eu me perguntava se Hécate realmente tinha me enviado, ou se eu estava apenas no lugar certo na hora errada. Eu me perguntava se tinha ajudado ou se tinha tropeçado em algo que não era da minha conta. No dia em que fui ao tribunal, a advogada de acusação era uma jovem grávida e tinha um sobrenome grego. Esse foi um sinal para mim de que Hécate tinha certamente estado presente durante toda a experiência.

Hoje, a ideia que muitas pessoas têm de uma deusa é geralmente gentil e boa, mas talvez mal compreendida pelo patriarcado. A ideia de que a deusa seja cruel, monstruosa ou coisa semelhante é com frequência imposta por religiões mais convencionais; muitas Bruxas e pagãos modernos acreditam que essas fés demonizaram as divindades femininas. Em alguns casos, isso é verdade, mas nem sempre. A maioria das divindades pré-cristãs, incluindo Hécate, tinha personalidades sombrias e aterrorizantes. Como os humanos, elas eram boas na maioria das vezes, porém, quando eram más, elas eram horríveis. A adaga, um dos símbolos de Hécate, pode ter se referido à sua capacidade de cortar uma alma desta vida para passar para o reino de Hades, ou cortar o cordão umbilical para trazer uma nova vida a este mundo. Pensa-se também que tenha representado a poda de ervas. Essas ervas eram muitas vezes destinadas a curar, entretanto, em alguns de seus mitos, eram venenosas e a adaga pode ter simbolizado um uso mais sinistro.

O ocultista Aleister Crowley escreveu em seu livro *Moonchild*, de 1929, que Hécate era "uma coisa totalmente do inferno; estéril, hedionda e maliciosa, a rainha da morte e uma bruxa maldita. Hécate é a anciã, a mulher além de toda esperança de maternidade, sua alma é sombria pela inveja e ódio aos mortais mais felizes".[1] É esse potencial perverso que tem sido muitas vezes imposto às Bruxas que, historicamente, foram culpadas por tragédias ou outros fenômenos (naturais ou não naturais) que desafiavam a compreensão geral de sua época.

---

[1] Aleister Crowley. *Moonchild* (Nova York: Red Wheel/Weiser, 1970), p. 187.

No entanto, desde o final do século XX, tem havido um esforço conjunto para mudar a visão em torno do que significa ser uma Bruxa. Hoje, uma Bruxa pode significar ser uma conservacionista ecológica, uma curandeira, uma feminista, uma guerreira ou uma rebelde. Muitas vezes, envolve aceitar a divindade como, pelo menos, parcialmente feminina, ou sem ter nenhum gênero. Por algum tempo, a maioria das wiccanas (muitas das quais se identificaram como Bruxas) rejeitou qualquer coisa considerada funesta ou perversa. Mas Hécate, uma Bruxa quintessencial durante milênios, teve a reputação de ser tanto uma deusa benevolente do poder e da cura, quanto algo mais sinistro. Diz-se que ela foi a primeira a observar a força do acônito, uma planta venenosa da família *Ranunculaceae*, e a descobrir a verbena aromática entre as ervas venenosas, e às vezes se dizia que ela era a primeira a testá-las em pessoas insuspeitas.[2] Isso não significa que Hécate seja uma deusa má, ou que não deva ser honrada na Bruxaria moderna. Mais uma vez, devemos lembrar que os disfarces mais assustadores das divindades antigas refletem as experiências do povo de sua época. Ignorar esses detalhes ou encobri-los prejudicaria a história desses grandes seres. Não importa como uma Bruxa moderna categorize Hécate, funesta ou benevolente, uma verdade coerente é que ela é uma deusa *perigosa*.

---

[2] Pierre de Lancre. *On the Inconstancy of Witches: Pierre de Lancre's Tableau de l'inconstance des mauvais anges et demons* (1612), Gerhild Scholz Williams et al. (Org. e trad.). Tempe: Arizona Center for Medieval and Renaissance Studies, 2006, p. 69.

Em lugar nenhum a identidade de Hécate como uma deusa perigosa é mais prevalente do que nos mitos de Medeia. Devido a certos elementos horríveis na história de Medeia, ela é com frequência ignorada na prática contemporânea da Bruxaria, relegada como sendo uma das grandes vilãs da mitologia antiga: ela é o arquétipo da mulher louca, tão agitada de raiva e ciúmes que tira a vida de seus dois filhos. O nome de Hécate era muitas vezes invocado pelas antigas Bruxas, usando poções para derrotar os inimigos ou para se vingar de alguém.[3]

Descrita como semidivina, às vezes se dizia que Medeia era filha de Hécate, contudo, os termos "filha" e "sacerdotisa" eram intercambiáveis em algumas tradições ou traduções. Por meio de Hécate, Medeia aprendeu o uso de ervas mágicas, incluindo as de cura, de propriedades medicinais e culinárias, e não apenas o uso de plantas mortais.[4] Medeia é muitas vezes apresentada como o arquétipo de uma Bruxa má, porém, ao nos aprofundarmos em sua história, aprendemos que os atos terríveis são menos sobre o caráter e mais sobre as reações a circunstâncias extremas. Aprendemos também muito mais sobre Hécate.

No épico grego *Argonáuticas*, Medeia é apresentada pela primeira vez como uma sacerdotisa dedicada e obediente membro da família. Ela se apaixona pelo argonauta Jasão, o

---

[3] Para mais informações, ver: *Magic, Witchcraft, and Ghosts in the Greek and Roman Worlds* por Daniel Ogden.

[4] Sorita d'Este e David Rankine. *Hekate Liminal Rites: A Study of the Rituals, Magic and Symbols of the Torch-Bearing Triple Goddess of the Crossroads*. Londres: Avalonia, 2009, p. 237.

líder do grupo de heróis do mar. A ciumenta esposa de Zeus, Hera, por suas próprias razões, elaborou um plano para fazer com que Medeia se apaixonasse por Jasão, levando Eros (conhecido por criar casais desencontrados) a atingi-la com uma flecha. Em outras versões da história, Afrodite deu a Jasão um feitiço destinado a seduzir Medeia, para que ele pudesse usá-la, aproveitando-se de seus poderes mágicos.[5] É esse amor que inspira a trama de Medeia contra as ambições de seu pai. No entanto, Medeia está cheia de culpa sobre sua decisão de escolher Jasão em vez de sua família.

Nesse meio-tempo, Jasão foi encarregado de pegar o velocino de ouro, o que ele deve fazer para ocupar seu lugar como o legítimo rei da cidade de Iolcos. Esse velocino de ouro é mágico e tão fortemente guardado que ele requer ajuda mágica. O rei Eetes, pai de Medeia, ofereceu a Jasão o velocino se ele conseguisse completar três tarefas aparentemente impossíveis: jungir dois bois que cuspiam fogo e arar um campo com eles; semear um campo com os dentes de um dragão e, por fim, vencer a serpente gigante que guarda o velocino – aquela que nunca dorme.

Durante todo o tempo, Medeia se esconde nas sombras, observando de longe como seu amado é humilhado por seu pai. Ela se preocupa com ele, intensamente, porém, ao cair no sono naquela noite, percebe que o truque que seu pai pregou foi apenas sobre Jasão e não sobre ela. Medeia decide então ajudá-lo. Ao amanhecer, ela visita um santuário a

---

[5] Daniel Ogden. *Magic, Witchcraft, and Ghosts in the Greek and Roman Worlds* (Nova York: Oxford University Press, 2002), p. 240.

Hécate e a invoca (como Brimo) sete vezes do submundo para ajudá-la a auxiliar Jasão. Mais tarde, ao se encontrar com Jasão, Medeia oferece a ele um encantamento abençoado por Hécate para ajudá-lo em sua empreitada. Ela também lhe dá informações pertinentes e poções que ele precisará para ter sucesso. Medeia o instrui a fazer um sacrifício a Hécate. Pouco tempo depois, Jasão roga a Hécate (como Brimo) com o sacrifício de uma ovelha em rito antes do amanhecer. Ela surge diante dele em uma visão aterrorizante, assustando-o tanto que ele se afasta e quase foge. Hécate aparece como Brimo ao lado de serpentes que se contorcem entre os carvalhos vizinhos, com os sons dos cães de caça do inferno preenchendo o ar. Ele teve uma visão de "incontáveis tochas" e ninfas gritando, e o chão tremia por onde a deusa caminhava.[6] Por mais aterrorizado que estivesse, Jasão retornou para seus companheiros e sem olhar para trás.

Os presentes de Medeia para Jasão incluíam um unguento que o protegeria das chamas exaladas pelos bois. Ela também o advertiu que, quando Jasão semeasse os dentes do dragão, eles se transformariam em guerreiros ferozes dispostos a matá-lo. Munido com essas informações, ele arremessa um pedregulho na multidão, o que faz com que os soldados se voltem uns contra os outros. Por fim, Medeia e Jasão se aproximam juntos da grande serpente que guarda o cobiçado velocino. Depois de pedir ajuda a Hécate, Medeia espalha sobre os olhos da criatura uma poção feita com zimbro e

---

[6] Apollonius Rhodius. "Argonautica Book 4", R. C. Seaton (trad.), *Theoi Project*, 2017. Disponível em: www.theoi.com, seção 1191.

outras ervas de sua coleção mágica, fazendo-a dormir, permitindo que Jasão apanhasse o velocino e que os dois escapassem de volta ao seu navio.

Enquanto corriam em retirada, Medeia fez um sacrifício a Hécate para ajudá-los a apressar sua fuga. No entanto, seu irmão foi atrás dela. Medeia conspira com Jasão para matá-lo, o que ele faz, desmembrando e escondendo o corpo para que os homens de seu pai, temendo serem responsabilizados pela morte ou por não conseguirem encontrar o corpo, abandonem sua busca para resgatar Medeia. Medeia ajuda a tripulação de Jasão a subjugar outros monstros e enfrentar outros desafios ao longo do caminho por meio de sua magia, incluindo derrotar o grande Talos, um homem de bronze que ameaça esmagar seus navios com pedras. Medeia cantou e rezou para pedir ajuda aos espíritos da morte, e, assim, ao lado dos cães de caça de Hades, advindos do outro mundo, enfeitiçou o grande Talos e enviou fantasmas aterrorizantes à sua frente para ajudá-los a escapar.[7]

Medeia começou sua história como uma filha zelosa, uma sacerdotisa cujo trabalho envolvia a cura. Entretanto, em razão da interferência de Hera e de sua própria paixão cega por Jasão, transforma sua magia e astúcia em assassinato e destruição, tudo para apoiar o homem que ama.

Outras narrativas de Medeia lhe dão uma versão mais matizada e simpática.[8] Em uma, Hécate é a mãe de Medeia,

---

[7] Apollonius Rhodius. "Argonautica Book 4", seção 1659.

[8] Rendition extraído de Diodorus, em: *Ogden, Magic, Witchcraft, and Ghosts in the Greek and Roman Worlds*, pp.. 78-9.

descrita mais como uma rainha do que como deusa, descaradamente sem lei, apaixonada pela caça; mas, quando sua sorte falhou, ela voltou seu arco contra os homens. Medeia também foi listada como uma aficionada condutora de misturas de drogas mortais (chamadas *pharmaka*) e creditada com a descoberta do acônito. Hécate destruiu seu pai (que, nessa versão, era o deus Titã Perses) e assumiu o trono, construindo um templo para Ártemis. Nessa narrativa, Medeia aprende com Hécate os poderes das plantas, mas sua verdadeira inclinação era salvar estranhos, ao invés de expô-los ao perigo. Quando seu pai toma conhecimento dos esforços de Medeia para resgatar estranhos que ele também mataria, ele conspira para que ela seja morta. Medeia foge e se esconde no espaço de Hélio, onde Jasão e os Argonautas a encontram vagueando pela costa. Sentindo empatia por sua situação, eles lhe oferecem sua proteção e Medeia, em troca, promete ajudá-los a completar o desafio proposto. Jasão faz um juramento de que se casará com Medeia e cuidará dela por toda a vida.

Nesta versão, os dons de Medeia são igualmente cruciais na busca dos Argonautas. Ela encanta os portões das cidades para abri-los, uma habilidade que só uma princesa poderia oferecer, o que permite aos Argonautas entrar e saquear a cidade. Ela se oferece para matar o falso rei Pélias, que havia roubado o trono que era, por direito de nascimento, de Jasão, por meio de suas próprias habilidades mágicas. Ela nunca havia causado um assassinato com suas próprias poções, mas concorda em fazê-lo para punir aqueles merecedores de punição. Através do disfarce mágico e da estratégia com os invasores Argonautas, ela engana as próprias filhas de Pélias para que elas mesmas o matem.

Jasão e Medeia se casam e vivem juntos por dez anos. Dizia-se que ele a venerava não apenas por sua beleza, mas também por seu autocontrole e outras virtudes. Mas, na medida em que ela envelhecia, Jasão se sentiu atraído por uma mulher mais jovem e tenta divorciar-se de Medeia. Ela se recusa a conceder o divórcio, detesta aceitar a humilhação de ser deixada por outra mulher, mas também detesta quebrar os votos que fez diante de seus deuses. Jasão se retira do casamento de qualquer maneira e planeja se casar com a mulher mais jovem. Depois disso, Medeia pede a Hécate que cumpra um voto assassino, invocando uma visão de Hécate que inclui cobras em seus cabelos e mãos sangrentas agarrando uma tocha, implorando-lhe que exiba a versão mais aterrorizante de si mesma e traga a morte à nova esposa de seu ex-marido e a seu pai, bem como a outras pessoas da realeza ligadas a ele. Ela deseja então algo que acredita ser ainda mais duro para seu ex-marido: que ele viva, mas seja destinado a vagar por cidades estranhas, destituído.[9]

Algumas histórias dizem que Medeia se disfarça e entra no palácio, incendiando-o. Jasão sobrevive, mas sua noiva e seu pai não. Outras histórias dizem que Medeia unta os presentes de casamento com veneno, o que mata a jovem noiva. Na narrativa do incêndio, Medeia ficou tão enfurecida pelo fato de que Jasão tenha sobrevivido que acaba matando os

---

[9] Sêneca. *Medea*, Frederick Ahl (trad.). Ithaca, NY: Cornell University Press, 1986, Ato Um, Versos 1-20.

filhos a quem ela deu à luz. Em algumas traduções, ela acredita que tornaria as crianças imortais através desse ato, mas falha. Diz-se às vezes que as crianças se tornaram parte do *biaiothanatoi*, almas iradas e perigosas, mas que precisavam ser apaziguadas, o que também as tornaria parte do domínio de Hécate.[10] Jasão, em tristeza e vergonha pela perda de seus filhos e sua nova esposa, tira a própria vida enquanto Medeia foge.

Medeia desistiu de sua família, de seu lar, do conforto e muito mais, dedicando sua vida para ser esposa de Jasão e mãe de seus filhos. Por meio dos dons que ela lhe deu, Jasão se destacou, revelando-se em glória e louvor. Ela deu tudo de si para ajudar seu marido e, ao fazê-lo, não tinha para onde ir quando ele a rejeitou, pois voltar para sua família significaria morte certa. Por isso, Medeia é muitas vezes imortalizada como uma Bruxa má. Parte disso é compreensível, considerando o seu último ato de horror. Porém, colocando suas ações específicas de lado, partes da história de Medeia poderiam provocar alguma empatia. Quantas pessoas como nós nos encontramos fazendo sacrifícios extraordinários, apenas para sentir que esses atos serão reconhecidos? Quantas Bruxas realizaram atos de magia para outros, apenas para descobrir que nossos dons serão motivo de zombaria, desvalorização ou não receberão qualquer retribuição?

É tentador observar a narrativa de Medeia e recebê-la como um aviso do que *não* fazer (ou de não se envolver com

---

[10] Sarah Iles Johnston. *Hekate Soteira: A Study of Hekate's Roles in the Chaldean Oracles and Related Literature*. Atlanta, GA: Scholars Press, 1990, p. 153.

alguém como Medeia, ciumenta e furiosa, ou alguém como Jasão, que precisa absorver os talentos e habilidades de outros para ser bem-sucedido). Mas nem tudo é ruim para Medeia, no final. Em alguns relatos, afirma-se que ela foi curar o herói Hércules, que se casou novamente mais duas vezes e que deu à luz crianças que se tornariam reis. Embora os deuses ficassem horrorizados por Medeia ter assassinado seus filhos, a ordem universal tem alguma piedade dela, talvez reconhecendo também as ações dolorosas de Jasão.

As Bruxas são criaturas emotivas. Sentimos profundamente alegria e tristeza. A traição parte nosso coração de uma forma dura, e as pontes que queimamos ardem em chamas. Podemos amar e cuidar de pessoas com uma intensidade pungente. Entretanto, também podemos ferir, quer queiramos ou não. Amamos muito e lamentamos nossas perdas por um longo tempo. Mesmo que nunca atuemos sobre nossos piores impulsos, as Bruxas eficazes estão cientes de sua capacidade individual de prejudicar. A maioria de nós recorre à Bruxaria porque, como Medeia, experimentamos feridas ou danos profundos ao longo de nossas viagens. A Bruxaria é uma forma de devolver o poder aos desamparados ou de reconectar-se com esse poder, quando ele for tirado de nós.

Porém, é fácil e, às vezes, tentador, usar mal nossos dons. Particularmente, quando somos novatos no trabalho, os feitiços mais poderosos se tornam uma espécie de brinquedos brilhantes em nossas mãos. *Podemos* usá-los. Então, por que não? Christopher Penczak resume isso com perfeição, em seu livro *The Mighty Dead*:

Qualquer um de nós que tenha ganhado algum poder mágico e alcançou posições quando quis, por meio da magia, de fato abusou desse poder. Agimos com motivos menos que irrepreensíveis. Um insulto, a perda de algo que queríamos, uma discussão pode nos levar a dirigir nosso poder de poucas e muitas maneiras contra aqueles que percebemos como nossos inimigos. Quanto mais ofendidos pessoalmente por suas ações e pela necessidade de retaliação, menos justificativa há para tomar essa ação. Não tenho problemas com a magia defensiva, ou até ofensiva quando necessário, mas como um honrado praticante de artes marciais, acredito que se deve usar apenas a força necessária para neutralizar a situação. Entretanto, com o poder psíquico e a magia, é fácil deixar-se levar pelas paixões e acabar exagerando, com muito mais do que o necessário na situação.

Tenho de admitir isso. Eu já estive nessa situação. Lancei feitiços duros e funestos quando meus sentimentos foram feridos ou meu ego foi machucado. E quando meus sentimentos esfriaram e o tempo passou, vi como minhas reações tinham sido desnecessárias. Minha raiva pode ter sido justificada, mas reagir utilizando a magia para solucionar algo que poderia ter sido resolvido com uma conversa ou, simplesmente, tomando distância da situação, fez com que eu precisasse limpar a bagunça anos depois. Nossos feitiços não terminam quando a vela se apaga. A raiva que lancei em forma de feitiço, porque me senti desrespeitada, acabou tomando vida própria. Todas as emoções humanas podem assumir a forma de seres espirituais. Um lar cheio de amor e alegria pode rir por si só. Um espaço contendo um trauma pode reproduzir o trauma, na forma de uma assombração, a terrível energia do ato, reiterando-se de maneira insistente, como uma canção presa na repetição aos sensíveis o suficiente para senti-la. Do mesmo modo, a raiva cria suas próprias formas que podem correr desenfreadamente no tecido espiritual que nos conecta a todos, causando danos durante anos depois de termos passado pela situação inicial que nos levou a criá-la.

Isso não significa que nossa raiva nunca é justificada. Não significa que não possamos sentir raiva. E não significa que nunca devamos usar nossa magia contra aqueles que nos prejudicaram. Particularmente, se o mal que nos foi feito pode ser lançado também contra outra pessoa, usar a magia para evitar que alguém que causou danos possa fazê-lo novamente pode ser um imperativo moral. Devemos nos perguntar: com o poder da magia à nossa disposição, será que não deveríamos potencializar ao máximo o seu uso? Faz sentido usar nossas habilidades para atacar alguém por uma questão que tem pouco impacto sobre a humanidade como um todo, ou talvez seja melhor economizar essa energia para realizar coisas maiores? Às vezes, esses momentos de fúria podem nos ajudar a fazer um grande trabalho. Desse modo, as Bruxas são maravilhosamente perigosas. Cabe a nós, individualmente, determinar o melhor uso de tal energia potente.

A Bruxa perigosa

O mundo atual está repleto de coisas que podem nos irritar: grave desigualdade econômica; violência contra as pessoas por causa de sua identidade de gênero, etnia ou religião; destruição ambiental, entre muitas outras. Hoje, muitas Bruxas usam seus poderes para lidar com tudo isso – e eles funcionam. Antes do casamento entre pessoas do mesmo sexo ser legalizado nos Estados Unidos, meu coven organizou um grande ritual para ajudar a legalizá-lo no Estado de Nova York. Naquela época, a medida estava nas mãos do Senado do Estado de Nova York. Criamos uma grande bola de energia destinada a romper bloqueios e permitir o casamento para todos em nosso estado, e a dirigimos para uma imagem do selo do Senado estadual. Seis semanas depois, a proibição do casamento entre pessoas do mesmo sexo foi derrubada. Embora, certamente, não fôssemos a única fonte da mudança (ativistas e organizadores estavam trabalhando nessa questão há mais de uma década e devem receber o crédito pelo sucesso), acredito que ajudamos a dar um impulso ao esforço necessário naquele momento.

Às vezes, quando eu estava muito zangada, a raiva parecia apenas aumentar, sem uma resolução adequada. Isso não quer dizer que minha raiva não era justificada. Em muitas situações, ela se justificava plenamente. Porém, como uma Bruxa mais experiente, aprendi que a retaliação não desfaz o que foi feito comigo. Entretanto, há muitas coisas em meu país que merecem uma grande raiva. Em vez de moldar a raiva em um feitiço para devolver um ego machucado ou sentimentos feridos, muitas vezes eu moldo minha raiva para abordar as origens da opressão sistêmica. Da mesma maneira, quanto mais aprendi sobre Hécate, menos me surpreende que Hécate e suas Bruxas tenham uma longa história de restabelecimento da ordem combatendo a injustiça, tornando-as perigosas para aqueles que violam as leis ou ameaçam os outros.

Em diversos papiros gregos (escritos contendo feitiços mágicos, hinos e rituais da Antiguidade grega e romana), Hécate foi invocada como parte de uma tríade de Hécate-Selene-Ártemis. De acordo com o escritor Hesíodo, as funções de Hécate incluíam a lei.[11] Em uma imagem de um lécito (ou *lekythos* é um antigo recipiente grego usado para armazenar perfumes e óleos), Hécate parece usar seus cães para punir os humanos por seus erros no mundo superior – cachorros bebendo o sangue dos culpados por impiedade aos deuses, injustiça aos homens ou por outros crimes.[12] Embora Hécate não seja frequentemente listada como juíza da justiça ou da culpa humana, ela parece fazer justiça quando solicitada. As Bruxas Antigas podem tê-la invocado por essa mesma razão.

Uma tábua de maldição contém um feitiço em nome de uma vítima que havia sido caluniada por outra pessoa ou contra alguém que compartilhou os mistérios de um culto hecateano, um erro presumivelmente grave entre os iniciados

---

[11] John Pollard, *Seers. Shrines, and Sirens: The Greek Religious Revolution in the Sixth Century B.C.*. Londres: Unwin University Books, 1965, p. 61.

[12] Semni Karouzou. "An Underworld Scene on a Black-Figured Lekythos", em: *The Journal of Hellenic Studies* 92 (1972), p. 66.

do culto.[13] A autora do feitiço pediu à trindade Hécate para "tirar-lhe o sono, impor-lhe um castigo à sua mente e queimar-lhe a alma", por profanar os mistérios ou por espalhar fofocas caluniosas. Esse feitiço em particular exigia a gordura, sangue e detritos de cabra, o fluxo menstrual de uma virgem morta, o coração de um morto prematuro e o "material mágico" de um cão morto e o embrião de uma mulher (embora as especificidades desse material mágico não sejam óbvias), e o sacrifício de um falcão do mar, um abutre e um rato.

Em outro feitiço, uma inscrição convida Hécate a vingar aqueles que urinam e, portanto, poluem a passagem leste do portão sul, em Éfeso – uma antiga cidade grega e lugar de comércio frequente –, cujas ruínas estão localizadas ao longo da costa da atual Turquia, região onde ela também foi vista como uma guardiã de encruzilhadas. É provável que se acreditasse que a poluição nessa área poderia trazer más condições para toda a cidade e, portanto, Hécate foi invocada para trazer rápida justiça àqueles que cometeram tal ato. Após suas execuções, quando corpos de assassinos eram levados para a encruzilhada, uma multidão reunida jogava pedras nos cadáveres como método de purificação da cidade. Um cadáver seria deixado lá sem enterro, talvez para deixar Hécate decidir o que deveria acontecer com sua alma. Em um lécito de "figuras negras" (técnica de pintura grega usada entre os séculos VII e V AEC, na qual a figura era feita com tinta preta e aplicada sobre fundo vermelho), duas figuras

---

[13] Eleni Pachoumi. *The Concepts of the Divine in the Greek Magical Papyri*. Tubingen, Germany: Mohr Siebeck, 2017, p. 21.

femininas, à direita e à esquerda de Hécate, parecem dar ordens para que a alma seja punida. Uma, ou ambas, poderiam ser as Erínias, que viviam no submundo e puniam os perjuros e matricidas.[14]

A Bruxa, a rebelde

Algumas histórias retratam Medeia como uma mulher rebelde, cuja recusa em se conformar com o que se espera dela ameaça a ordem social. Em uma canção popular, Medeia (aqui chamada Aletis) teria passado sua vida vagando no exílio de uma cidade-Estado para outra, porque ela rejeitava os papéis femininos padrão, como o de filha obediente, esposa submissa e mãe carinhosa.[15] Outras descrições de Medeia a mostram como um receptáculo de grande poder e perigo, em razão de sua inteligência, habilidades e poder:

> Não é por causa de sua beleza ou de suas boas ações que você encontra Medeia satisfeita, mas ela conhece encantamentos e abate plantas terríveis com sua foice encantada. Ela se esforça em retirar a lua de seu caminho e ocultar do sol os cavalos, enterrando-os na escuridão. Ela repõe as águas e faz parar os rios em seu curso. Ela transporta madeiras e rochas, como se estivessem vivas, de seu lugar. Ela vagueia por entre

---

[14] Karouzou. "An Underworld Scene on a Black-Figured Lekythos", p. 67.

[15] Johnston. *Hekate Soteira*, p. 222.

túmulos, desgarrada, com seus cabelos desarrumados, e recolhe os ossos das piras quentes. Ela lança feitiços em pessoas de longe [...] e ela faz outras coisas que teria sido melhor [...] não saber.[16]

Embora seja possível argumentar se Medeia é maligna ou não, é impossível questionar se ela é, de fato, perigosa. Ela não pode ser controlada e não obedece a regras que não respeita. Em muitos casos, seu potencial de perigo é proveniente das lições aprendidas e invocadas de Hécate. Alimentada pela dor que só alguém prejudicado pode experimentar, e armada com as poderosas armas da Bruxaria, Medeia se torna a encarnação da perigosa deusa e Bruxa.

Um dos perigos de Medeia não era o que ela fazia ou do que ela era capaz, mas o que ela sabia. As Bruxas abraçam as coisas que provocam medo nas pessoas, como os espíritos dos mortos ou o uso de plantas em feitiços. Conhecemos os segredos de fazer mudanças no mundo ao nosso redor, e essas coisas podem afastar as pessoas de nós. Tornamo-nos guardiãs dos segredos, quer estejamos fazendo uma leitura de Tarô para outra pessoa ou ouvindo alguém compartilhar suas experiências psíquicas ou espirituais. Porém, para alguns, simplesmente por sabermos que possuímos esse conhecimento, podemos ser percebidas como perigosas. A Bruxaria e as deusas como Hécate nos divertem com as coisas a nosso respeito e que nos tornam diferentes. Isso nos

---

[16] Ovid. Heroides. 6.83-94, em: *Ogden, Magic, Witchcraft, and Ghosts in the Greek and Roman Worlds*, p. 126.

permite dançar pelos caminhos que outros sentiram demasiada vergonha de percorrer. Ela nos encoraja a abraçar, beijar e nos unir com as partes de nós e que as demais pessoas têm medo de abraçar em si mesmas. Expomos as falsas regras que as pessoas sustentam tão ferozmente. Isso pode nos tornar um perigo para o *status quo*.

Ao mesmo tempo, a história de Medeia é uma lição de limites. A maioria das Bruxas já teve uma, ou mais, das seguintes experiências: a pessoa religiosa conservadora repreendendo a Bruxa por suas práticas, apenas para pedir uma leitura de Tarô no próximo suspiro; o amigo bem-intencionado, mas ignorante, que geralmente, após algumas bebidas, dirá que não pode ser amigo de uma Bruxa porque sua religião ou cultura consideram as Bruxas inerentemente más, porém, depois se gaba aos outros amigos sobre conhecer uma Bruxa; o parente que implora à Bruxa para desistir da Bruxaria e ir à igreja, mas depois implora por um feitiço de amor para fazer a "ex" voltar. Isso dói. Machuca mesmo. Ainda assim, muitas Bruxas sentem que deveriam estar disponíveis e dispostas a oferecer seus dons, mesmo àqueles que lhes fazem mal. Ei, Bruxinha amiga: estou aqui para lhe dizer que você não precisa oferecer sua magia, provar seu poder ou doar seu tempo às pessoas que lhe fazem mal. Vamos aprender com Medeia a não nos obrigar a trabalhar para os outros simplesmente porque temos essa capacidade. Não há problema em dizer não. É bom deixar as pessoas enfrentarem suas próprias jornadas, conquistarem seus próprios velocinos de ouro sem nossa participação – especialmente se elas não nos mostrarem a cortesia que merecemos.

A Bruxaria por si só não é algo do mal, contudo ela pode trazer à luz as partes mais extremas que estão dentro de nós. Os fármacos podem ajudar ou curar, dependendo de seu uso. Isso não é nem bom nem mau, mas é definitivamente perigoso. Um cachorro, mesmo um cãozinho fofinho, pode ser um perigo em um contexto específico, mas também um conforto ou um protetor. A Bruxa também pode ser perigosa. Mas sejamos perigosas no contexto certo – fazendo isso com intenção. Podemos escolher ser como Medeia, deixando que essas partes extremas do eu nos consumam, ou dar meia-volta para usar nossas ferramentas e derrotar um opressor. Ninguém pode nos dizer exatamente quando ou como usar melhor nossos eus perigosos, a não ser nós mesmas. Assim como nós, todas as pessoas cometem erros. Podemos agir com uma severidade exagerada em determinada situação e, depois, precisaremos retificar nossa decisão. Podemos não agir e mais tarde desejaríamos ter agido. Raramente, as Bruxas olham para trás e se sentem completamente confiantes de que fizeram tudo certo. Felizmente, Bruxaria não se trata de perfeição. É uma complicação e, muitas vezes, é confusa. Fazemos o melhor que podemos, aprendemos com isso e tentamos novamente.

Prece para a perigosa Deusa

Esta prece pode ser útil se você estiver se sentindo irritada ou procurando uma maneira de usar sua magia de uma maneira proveitosa. Ela também pode ser empregada para descobrir como você mesma é uma Bruxa perigosa e entender melhor como utilizar essas ferramentas. Diga a prece em voz alta diante de seu altar, em um espaço ao ar livre, no qual você sente que está sintonizada com Hécate, ou em qualquer momento que você queira se conectar com essa parte de si mesma.

> Hécate, Brimo, Bruxa do submundo,
> Eu abraço minha adaga; mostre-me onde cortar.
> Para o maior bem, o fim mais poderoso,
> Que eu atue com justiça em minhas ações,
> Que qualquer dano seja justificado e sirva ao bem maior.
> Erga sua tocha e mostre-me o caminho.
> Mãe das trevas, Rainha, Deusa justa,
> Conduza-me à ação rápida e correta.

Feitiço para atar uma força opressiva

Quando você estiver lidando com uma força opressiva, seja contra si mesma, seja em uma comunidade ou país, pegue uma vela. A cor não é importante, mas a vela branca ou a preta tendem a ter os melhores resultados.

Esculpa na vela o nome da pessoa ou entidade que está causando a opressão. Em seguida, segure a vela com a palma da mão e canalize para ela todos os pensamentos raivosos relativos à situação.

Em voz alta, diga o seguinte:

> Como eles fizeram comigo, agora Hécate fará com eles.
> Faça com que os fracos se tornem fortes,
> E os injustos recebam o que lhes é devido.

Por Hécate, Selene, Ártemis,
Que assim seja.

Queime a vela até o fim. Enrole a cera fria restante com um barbante nove vezes e enterre-a num lugar em que você passe com frequência (como debaixo ou perto do degrau da frente de sua casa ou edifício), assim você "pisará" na opressão sempre que passar por ali.

Ritual para a paz interior

Se sentir que sua raiva está lhe prejudicando, fazendo de você uma pessoa amargurada, ocupando mais espaço em sua mente do que gostaria, e você está buscando uma sensação de paz, então, pegue uma faca, um punhal ou outra lâmina que você usa para trabalhos ou magia e traga-a para seu espaço de ritual. Você pode usar inclusive uma tesoura ou faca de manteiga – mas não utilize elementos que planeje incluir com o resto de seus utensílios de cozinha regulares ou material de escritório. As lojas de segunda mão ou de produtos econômicos podem fornecer opções muito baratas e interessantes como ferramentas.

Em seu espaço sagrado, imagine a fonte de sua raiva bem à sua frente. Em seguida, imagine uma corrente conectando você a essa visão. A maioria das pessoas vê essas correntes como estando conectadas ao seu coração, testa, estômago ou virilha. Você pode ver, até mesmo, mais de uma. Quando estou *realmente* irritada, eu já as vi nos quatro lugares ao mesmo tempo!

Embora entenda que você não tem a obrigação de perdoar ninguém por suas ações, a menos que isso seja o que você sente que é certo, você está se separando da situação para que possa encontrar paz e renovação. Então, diga o seguinte:

"Com a lâmina de Brimo, eu me liberto de sua escravidão."

Com a lâmina, corte o ar em frente ao(s) espaço(s) em que você imaginou a corrente. Realize esse encantamento três vezes em cada área.

Se você não estiver em uma encruzilhada física quando terminar esse trabalho, leve a lâmina para uma encruzilhada e bata no chão três vezes, dando graças a Hécate por ajudar você a fazer esse ritual.

Você pode descobrir que precisará fazer esse ritual várias vezes durante os próximos dias e semanas. É muito tentador retomar essa raiva conectiva. Por vezes, tive de repeti-la anos depois, quando outra situação desencadeou esses mesmos sentimentos.

Se ainda não tiver outros propósitos, a lâmina pode ser usada em trabalhos de proteção ou justiça no futuro. Ela também pode ser uma ótima ferramenta para fazer o feitiço de corte descrito no capítulo anterior.

CAPÍTULO 7

Guardiã das Chaves

⁕

*E a deusa Titã, a lua, subindo de uma terra distante, a viu [Medeia]
enquanto fugia distraída, e ferozmente exultou sobre ela, e assim falou ao
seu próprio coração: "Nem eu sozinha me afasto então para a caverna
latina, nem eu sozinha ardo de amor pelo belo Endimião; muitas vezes
com pensamentos de amor fui afastada por seus feitiços astutos,
a fim de que na escuridão da noite você possa trabalhar
sua bruxaria à vontade, mesmo as obras que lhe são queridas".*
– **Apolônio de Rodes**, *Argonáuticas* [1]

Quando eu tinha 6 anos, nossa família mudou-se do Tennessee para o Óregon. Eu sentia muita falta dos meus amigos e da velha escola. Acreditava que

---

[1] Apollonius Rhodius. "Argonautica Book 4", R. C. Seaton (Trad.), *Theoi Project*, 2017. Disponível em: www.theoi.com, seção 55.

um dia encontraria uma chave mágica e, quando a encontrasse, uma porta apareceria em meu armário. A chave do Tennessee me permitiria entrar por esse portal e ver meus amigos sempre que quisesse. Eu cheguei a pedir a chave em uma carta ao Papai Noel. O episódio continua sendo uma lenda familiar.

Mais tarde, naquele ano, enquanto visitávamos a família na Califórnia, minha irmã e eu encontramos uma chave órfã na gaveta de quinquilharias de nossa avó, marcada com "T". Ela tinha de ser a chave para o Tennessee. O que mais poderia ser? Ficamos extasiadas. Uma viagem de dez horas é difícil para crianças pequenas, mas é *angustiante* para crianças pequenas acreditar que têm uma chave mágica em suas mãos e um portal em casa esperando por elas. Quando chegamos em casa, corremos para o andar de cima até meu quarto. Provavelmente não preciso descrever a decepção odiosa quando abrimos a porta do armário e não encontramos nenhum portal na parede. Minha irmã tentou destrancar o ar, caso a porta fosse invisível. Não era. Procuramos em todos os outros armários da casa, mas não conseguimos encontrar a porta para o Tennessee.

O que pode ser surpreendente é que, naquele dia, eu não perdi a fé na magia. Ao contrário, essa amarga decepção fez de mim uma Bruxa. O que eu não sabia era que, ao crer naquela pequena chave, eu estava participando de uma antiga tradição de atribuir magia às chaves. As chaves são um item pequeno e comum, mas são parte integrante da vida. Elas abrem portas; elas mantêm os intrusos do lado de fora. Uma porta trancada pode ser um objeto poderosamente frustrante (diz esta autora, que já se trancou fora de casa um número embaraçoso de vezes). Mas uma gaveta ou caixa trancada pode conter tesouros e mistério. Quando dei a meu sobrinho um diário de presente de aniversário, ele ficou muito entusiasmado com a fechadura e a chave, podendo assim guardar seus segredos. Muitas das invenções da humanidade tornaram-se obsoletas com o passar dos milênios, mas até muito recentemente (com a invenção dos cartões-chave) as chaves permaneceram em grande parte as mesmas. Na prática, elas nos ajudam a nos proteger. De modo simbólico, elas nos ligam ao passado, sendo tão importantes agora como eram então. Espiritualmente, elas representam o destravamento dos mistérios.

A chave, sendo um dos símbolos mais pungentes de Hécate, representa mistério, mas, ao mesmo tempo, o desvendar de segredos ou mantê-los escondidos. As chaves de Hécate também representam os mistérios do cosmos, da morte e das virtudes espirituais. Ela é chamada *Kleidouchos*: a Guardiã das Chaves. É talvez através desse importante símbolo de Hécate que podemos entender o uso de magia e compreendê-la melhor.

Hécate: Guardiã das Chaves

As chaves aparecem nas mãos de muitas imagens de Hécate. Essas chaves representam várias coisas diferentes, algumas das quais são bastante práticas. As primeiras inscrições a chamam de "Protetora das Entradas", representando talvez a conexão com a imagem da chave. Na Grécia Antiga, os santuários de Hécate eram comumente encontrados nos degraus das portas. Como Protetora de Entradas e outros lugares limiares, tanto públicos quanto privados, Hécate defendia as pessoas contra os espíritos à espreita. A área física diante dos portões do templo, da cidade ou da casa era consagrada a Hécate. Suas chaves podem ter representado não apenas sua proteção sobre esses espaços, mas também a proteção de cidades inteiras. Hécate podia fechar a cidade contra todos os perigos ou abri-la a influências benignas, ambas fazendo parte de seu papel de protetora dos portões e das portas de entrada.[2] Em uma inscrição, Hécate se refere a si mesma como "uma deusa de armadura completa e com armas", o que pode ter sido feito para afastar demônios ameaçadores de alguém que trabalha com magia.[3] Todos esses papéis são facilmente simbolizados pela familiar imagem-chave na iconografia de Hécate, mas esse último exemplo também pode simbolizar que Hécate, a Guardiã das Chaves, era uma amiga de Bruxas em particular.

A chave pode ser uma parte muito antiga da imagem de Hécate. Seu papel como deusa de passagem e pontos limiares pode ser rastreado até sua adoração na Ásia Menor,

---

[2] Jerusha Behari. *Ambivalent Goddesses in Patriarchies: A Comparative Study of Hekate in Ancient Greek and Roman Religion, and Kali in Contemporary Hinduism*, Tese de Doutorado (PhD), University of KwaZulu-Natal, 2011, p. 69.

[3] Sarah Iles Johnston. "Riders in the Sky" Cavalier Gods and Theurgic Salvation in the Second Century A.D.", em: *Classical Philology*, Vol. 87, nº 4 (1992), pp. 318-19

precedendo à sua adoração na Grécia.⁴ É possível que o imaginário da chave tenha sido herdado desse antigo papel. O papel de Guardiã das Chaves também pode sugerir outro papel prático, o de provedora. Na Grécia da Idade do Bronze (cerca de 3000-1000 AEC), as imagens femininas de guardiãs de chaves parecem referir-se a um papel de apoio à comunidade. Os templos serviam não apenas como locais de culto, mas também como centros comunitários de armazenamento de alimentos. Portanto, a Guardiã das Chaves propiciou tanto rituais religiosos quanto alimentos para a comunidade: dois papéis cruciais que lhe dava enorme poder, prestígio e, possivelmente, despertava o medo, pois quem tinha esse papel não deveria ser tratado de maneira descuidada.⁵ Hécate pode ter sido uma grande Guardiã das Chaves: uma protetora do povo, assim como aquela capaz de encorajar uma colheita abundante [...] ou retê-la.

Um grande ritual dedicado a Hécate era conhecido como a Procissão da Chave, um elemento importante presente em um festival maior chamado Hecatésia. Essa procissão era provavelmente ligada a um costume nativo, antigo e não grego.⁶ De acordo com uma descrição no templo Lagina, localizado na Ásia Menor, sacerdotes eunucos e uma

---

[4] Sarah Iles Johnston. *Hekate Soteira: A Study of Hekate's Roles in the Chaldean Oracles and Related Literature*. Atlanta, GA: Scholars Press, 1990, p. 21.

[5] Robert Von Rudloff. *Hekate in Ancient Greek Religion*. Victoria, BC: Horned Owl Publishing, 1999, p. 51.

[6] William James Harvey. *Reflections on the Enigmatic Goddess: The Origins of Hekate and the Development of Her Character to the End of the Fifth Century B.C.*, Dissertação de Mestrado, University of Otago, 2013, p. 45.

sacerdotisa carregando uma chave lideravam a procissão. Alguns escritos sugerem que o papel de porta-chaves era uma posição de grande honra, mais frequentemente ocupada por uma filha de um sacerdote de Hécate.[7] Embora a função e o objetivo desse festival e dessa procissão sejam desconhecidos, acredita-se que eles tinham uma natureza ctônica. A chave de Hécate provavelmente representou o seu papel no submundo.[8] É possível que esses rituais tenham sido em homenagem aos ancestrais ou talvez celebrassem a morte e a regeneração da terra, conforme se observa nos ciclos agrícolas. Os dois pontos de foco não eram tão diversos. Na visão de mundo daquele momento, vida, morte e regeneração estavam estreitamente alinhados, os ancestrais compartilhando o reino da fonte de alimento. A chave e seus ritos protegiam o mundo da influência de espíritos negativos, abriam os reinos para o nascimento de novas crianças e encarnavam a fertilidade da terra. A chave, embora considerada o símbolo da deusa, era também um símbolo da fertilidade masculina.[9]

Esse e talvez outros rituais envolvendo as chaves de Hécate podem ter representado purificação, tanto para aqueles que participavam dos ritos quanto para a purificação da terra. Os rituais que honram as transições tanto na Grécia como na Roma Antigas começaram com a remoção da profanação, o que significa que as entradas também passariam a ser

---

[7] Johnston. Hekate Soteira, p. 42.

[8] Carol M. Mooney. "Hekate: Her Role and Character in Greek Literature from before the Fifth Century B.C.", Tese de Doutorado (PhD), McMaster University, 1971, p. 13

[9] Mooney. "Hekate", p. 15, nota 42.

associadas aos ritos de purificação.[10] Portões e portas de templos marcavam os limites entre espaço sagrado e não sagrado, privado e público, limpo e profanado. Atravessar essa fronteira pode ter exigido um ritual de purificação. Em alguns casos, colocar uma imagem de Hécate próximo da entrada ajudaria nessa purificação, pois acreditava-se que ela tinha um interesse especial nessas fronteiras e controle sobre elas.[11] O ato de passar por um portão era, em si, um ritual de purificação. As chaves de Hécate, como eram ligadas a essa passagem de purificação, podem ter cumprido o papel de remover tanto as impurezas espirituais quanto físicas.

O principal simbolismo da chave de Hécate não se referia apenas à proteção física ou à produção agrícola. Ela tinha a função tanto de zelar pela porta de entrada quanto de ser a Guardiã das Chaves do submundo, era ela quem podia abrir os reinos entre os vivos e os mortos. Um dos epítetos de Hécate era "aquela que vive com [que tem] as chaves da Morte e do Hades".[12] Quando Eneas, o herói de Troia, tenta entrar no submundo, ele invoca Hécate para que o ajude a transpor os reinos dos vivos e dos mortos.[13] Suas chaves eram às vezes chamadas de "o distintivo de Hades", pois destinavam-se especificamente a abrir as portas do submundo, um papel

---

[10] Rick Strelan. "'Outside Are the Dogs and the Sorcerers' (Revelation 22:15)", em: *Biblical Theology Bulletin* 33, nº 4 (novembro 2003), p. 154.

[11] Strelan. "'Outside Are the Dogs and the Sorcerers'", p. 151.

[12] Strelan. "'Outside Are the Dogs and the Sorcerers'", p. 148.

[13] Jacob Rabinowitz. *The Rotting Goddess: The Origin of the Witch in Classical Antiquity*. Brooklyn, NY: Autonomedia, 1998, p. 24.

sinistro por natureza.[14] Como Guardiã das Chaves, Hécate podia aprisionar a alma dos mortais no assustador reino de Hades. Em uma cena do submundo, Hécate se apresenta como uma monstruosa figura feminina com cães, comandando a presença de uma pequena figura humana, despojada de todas as roupas e condenada a sofrer um castigo assustador no Hades.[15] Não fica claro se ela é uma guia ou guardiã, ou se ela está ajudando ou aprisionando a alma, mas pode certamente assumir-se que ela encarnou ambos os papéis.

Como visto anteriormente neste capítulo, Hécate, a Guardiã das Chaves, era importante para as Bruxas e para outras pessoas que trabalhavam com a magia do mundo antigo. Lembrando que, se a magia de uma Bruxa dependia com frequência da assistência dos mortos, as chaves de Hécate eram cruciais, pois abriam não apenas os portões do Hades, mas também os portões para mensagens proféticas acessadas por Sibila, uma sacerdotisa oracular que podia trazer as palavras dos deuses aos vivos.[16] A Guardiã das Chaves era um dos aspectos de Hécate, sem o qual as Bruxas não poderiam viver.

As chaves de Hécate provavelmente também simbolizavam transições. Festas em homenagem a Hécate eram, às vezes, realizadas no último dia de cada mês, que era marcado

---

[14] L. R. Farnell. "Hekate in Art", em: *The Goddess Hekate: Studies in Ancient Pagan and Christian Religion and Philosophy*, Vol. 1, Stephen Ronan (org.) (Hastings, UK: Chthonios Books, 1992), pp. 36-56; Strelan, "'Outside Are the Dogs and the Sorcerers'", p. 153.

[15] Semni Karouzou, "An Underworld Scene on a Black-Figured Lekythos", em: *The Journal of Hellenic Studies* 92 (1972), p. 65.

[16] Rabinowitz, *The Rotting Goddess*, p. 24.

pela lua negra, antes que a primeira lasca da lua nova pudesse ser vista. Essa festa se chamava *Deipnon*, e uma das coisas que ela pode ter celebrado foi a transição entre o mês antigo e o novo. Como padroeira das meninas, especialmente durante a adolescência e a puberdade, Hécate guardava sua transição para a condição de mulher e o eventual casamento. Em algumas histórias, ela também era conhecida como a mãe lactante, desbloqueando a passagem entre o ventre e a vida.[17] As chaves podem ter representado Hécate como guardiã durante esses pontos centrais da vida.

As chaves de Hécate geralmente refletiam aspectos comuns da vida dos antigos: proteção do lar, acesso aos alimentos, rituais naturais de passagem e até mesmo o contato com os mortos, que era uma parte cotidiana da vida. Porém, assim como uma chave pode ser tomada como certa até que seja perdida e uma porta não possa ser aberta, as chaves de Hécate também podem representar facetas da vida que não costumam ser pensadas diariamente, mas cuja perturbação é sentida de modo profundo. Mesmo assim, Hécate e suas chaves tiveram outro significado e, sem dúvida, maior.

Abrindo a porta para uma maior compreensão

As chaves de Hécate também representam seu papel como guardiã dos maiores mistérios do cosmos, incluindo o propósito geral da humanidade. Esse papel se reflete nos *Oráculos*

---

[17] Strelan. "Outside Are the Dogs and the Sorcerers'", p. 153.

Caldeus, um conjunto de textos espirituais usados pelos filósofos entre os anos 300-600 EC, que teriam sido ditados aos escritores mortais diretamente por Hécate e Apolo (possivelmente destinados a representar a lua e o sol, ou um grande espírito divino do universo). Eles se originaram como um poema, do qual, infelizmente, apenas fragmentos foram preservados até os nossos dias. Em seu tempo, eles foram usados como prova da vontade dos deuses.[18] Eles nasceram da crença de que o mundo é um túmulo imundo, mas que, por meio das práticas dadas pelos oráculos, seria possível transcender sua forma "impura" para um com a alma cósmica. Também chamados de "alma do mundo", acreditava-se que essa grande fonte de poder fornecia um padrão de ordem correta e harmoniosa, uma fonte divina e eterna de vida racional, e a criação coroada de todas as entidades inteligíveis e eternas dotadas de razão e harmonia.[19] Basicamente, é o melhor de todos nós; o melhor que poderíamos ser, nesta vida ou em qualquer outra depois.

Além de fornecer informações destes oráculos à humanidade, Hécate também foi retratada como uma intermediária entre os diferentes reinos.[20] Como grande porta-chaves, acreditava-se que ela fechava os limites das coisas dentro do cosmos, pois lhe foi conferida a capacidade de se unir e harmonizar os mais diversos elementos.[21] Hécate resguardava

---

[18] Johnston. *Hekate Soteira*, p. 2.
[19] Johnston. *Hekate Soteira*, p. 14.
[20] Johnston. *Hekate Soteira*, p. 21.
[21] Johnston. *Hekate Soteira*, p. 39; p. 48.

certos pontos de acesso para essa grande alma. Os oráculos descrevem algo chamado "o Golfo de Hécate", como um ponto de passagem na jornada para a alma cósmica. Nesse abismo, as almas poderiam doar ou receber punição por crimes que cometeram como espíritos, talvez sob o comando de Bruxas que as invocavam para executar suas ordens; as habilidades especiais e a boa vontade dessa deusa eram importantes para as almas que buscavam a salvação.[22]

As chaves de Hécate também podem ter representado as práticas delineadas nos oráculos – práticas que, quando abraçadas e executadas, poderiam ajudar uma alma mortal a se elevar e encontrar acesso à alma cósmica. Nos oráculos, suas chaves representam as virtudes do amor e da força, duas coisas conhecidas como as fogueiras sagradas de Hécate.[23]

A ideia da alma cósmica tem paralelos em outras religiões, por exemplo o céu cristão e o nirvana budista. Embora não exista uma única crença conclusiva entre as Bruxas contemporâneas sobre a vida após a morte, muitas acreditam que a alma continua depois da morte, mesmo que essa vida *post mortem* seja misteriosa e incognoscível. A maioria das Bruxas parece confortável com esse aspecto incognoscível, aceitando que se trata de um grande mistério que nunca compreenderemos por completo. Como eu, muitas Bruxas foram criadas com formações religiosas que pregavam a ideia de um ser divino punitivo, que estava à espera da morte de

---

[22] Johnston. *Hekate Soteira*, p. 38.

[23] Edward P. Butler. "Flower of Fire: Hekate in the Chaldean Oracles", em: *Bearing Torches: A Devotional Anthology for Hekate*, editado por Sannion e equipe editorial da Bibliotheca Alexandrina. Eugene OR: Bibliotheca Alexandrina, 2009, p. 20.

uma pessoa para julgá-la como bondosa ou indigna. Esses julgamentos geralmente se baseavam mais em como vivíamos, a quem amávamos ou como nos entregávamos ao prazer, do que se éramos gentis ou não com os outros. Esse ser nos daria então acesso à sua própria forma de alma cósmica ou nos baniria para sua própria forma de Hades (muitas poderiam reconhecer isso como o inferno cristão). É frequentemente essa crença que afasta muitas Bruxas das religiões de sua juventude. Há uma liberdade inegável para se afastar dessa ideia, mas isso também pode deixar muitas Bruxas confusas. Não estamos mais em um caminho restritivo, moldado pela vergonha e pelo controle. Em vez disso, estamos vagando por um deserto, livres desse julgamento, mas podemos nos perguntar se nosso vagar é sem objetivo.

Hécate, como Guardiã das Chaves, pode ser um meio-termo útil. Embora nossa cultura contemporânea nos encoraje a ser individualistas, os humanos são animais de carga inatos. Ansiamos por uma comunidade. Talvez haja um grande desejo de retornar a uma alma comunitária, mas não se o caminho significar o sacrifício de partes vitais do eu. Além disso, por sermos criaturas comunitárias, é natural que tenhamos medo da rejeição. Isso já é assustador o suficiente quando nos aproximamos de uma nova comunidade, mas pode ser ainda pior quando se trata do conceito de almas imortais. Se os *Oráculos Caldeus* são verdadeiros, então Hécate tem a chave tanto para uma grande reunião com o último poder superior quanto para impedir para sempre essa grande união. O que essas chaves nos perguntam se pensarmos que elas são um caminho para a união com essa grande alma?

A ideia da alma cósmica e o papel que Hécate desempenha como Guardiã dos Portais, potencialmente permitindo ou impedindo a entrada de almas, pode ser desconfortável para muitas Bruxas que deixaram a educação religiosa de sua infância com uma crença semelhante. Devemos lembrar que os *Oráculos Caldeus* e a ideia de uma alma cósmica refletem um tempo e uma cultura diferentes, dos quais nos falta muito contexto e compreensão. Seria um erro tentar enclausurar Hécate no papel de punidora, imaginando que ela nos mandaria para um inferno proverbial porque não nos ajustamos. Devemos lembrar que temos a liberdade de reimaginar o que a alma cósmica pode significar. Talvez isso signifique ser a melhor pessoa que podemos ser e unir-nos com o melhor das outras pessoas. Pode ser que as chaves de Hécate, imortalizadas por milênios como um caminho para fazer de nós a nossa melhor versão, forneçam as ferramentas para fazer exatamente isso.

Conexão com a Detentora das Chaves

Se eu, como a Bruxa que sou agora, pudesse falar comigo mesma quando eu tinha 6 anos, eu explicaria algumas coisas: primeira, nenhuma quantidade de desejo ou imaginação irá prevalecer sobre as leis da Física. E tudo bem! Segunda, essa pequena chave não levará de volta ao Tennessee através de um portal literal. No entanto, essa chave fez algo maior: abriu sua curiosidade para a Magia.

Em vez de considerar que a magia era algo que só acontecia porque eu queria que acontecesse, entendi que a magia era algo que eu teria de buscar. Compreendi que a jornada da magia não era uma solução rápida.

Nós, Bruxas, servimos como guardiãs das chaves para quem deseja encontrar a magia. As pessoas vêm até nós em busca de ajuda, para dar sentido a experiências confusas ou assustadoras. As Bruxas Experientes ensinam as Bruxas novatas. As Bruxas novatas, por sua vez, também acabam ensinando as Bruxas Experientes. Continuamos a abrir portas umas para as outras, aprofundando nossa própria compreensão e desbloqueando a magia para o mundo.

Mas antes que possamos fazer isso, devemos nos libertar de nossos próprios padrões de vergonha, julgamento e muito mais. Não podemos ser Bruxas eficientes enquanto ainda estivermos presas dentro de uma reconhecida camisa de força moldada pela cultura, por traumas pessoais ou simplesmente por não estarmos em contato com nossos próprios desejos e vontades reais. Isso normalmente não acontecerá apenas uma vez. Ao longo da vida de uma Bruxa, nós nos veremos desbloqueando, liberando e nos reformulando inúmeras vezes.

Quanto a mim, me vi mergulhada num espaço vazio. Eu era uma Bruxa assumida publicamente há muito tempo e, apesar de ter a sorte de estar em segurança, me encolhia quando pessoas que não se identificavam como Bruxas me perguntavam sobre ser uma Bruxa. Eu estava cansada de me explicar, de ser uma curiosidade de nicho. Senti que se eu não conseguia me articular perfeitamente todas as vezes, ou se não podia estar constantemente disponível para todos que tinham uma pergunta sobre Bruxaria, e se eu não tinha todas as respostas, então eu era um fracasso. Quando ouvia a palavra *Bruxaria*, não me sentia mais entusiasmada. Eu me sentia cansada. A face de Guardiã das Chaves era o aspecto mais forte de Hécate que sentia perto de mim – porém, da mesma maneira que eu não posso apontar o momento em que Hécate entrou em minha vida, também não posso citar o momento em que ela me libertou do vazio. No entanto, ela apareceu como sempre tinha aparecido para mim: de maneira silenciosa e plena.

Comecei a escrever este capítulo durante uma época particularmente exaustiva em meu trabalho diário. Contava com pouco tempo até mesmo para me sentar no meu altar de Hécate, quanto mais para escrever sobre ela. Eu estava hospedada em um distante e minúsculo quarto de hotel, sem praças ou parques, em uma cidade que eu não conhecia. Não havia um espaço natural para fazer uma caminhada. A área não era muito segura à noite, então eu não podia sequer sair para andar e olhar a lua. Novamente, eu não tinha trazido materiais de altar ou efígies de Hécate. Qualquer magia que eu precisasse criar teria de vir de mim e minhas reservas estavam bastante baixas. Porém, nos últimos minutos antes de adormecer na última noite de minha viagem, perguntei a Hécate se ela revelaria seu "eu" como Guardiã das Chaves.

Talvez tenha sido o entorno. Eu estava cercada por pessoas de muitos credos diferentes junto com várias Bruxas assumidas, que trabalhavam pela justiça social. O tema da conferência era o amor das pessoas por si mesmas e de umas pelas outras, bem como estimular diante da opressão e sair das pressões do capitalismo. Muitas das conversas apontaram que o capitalismo estava nos forçando a produzir o máximo que pudéssemos, sem qualquer pensamento a respeito de nossa própria humanidade. Embora eu trabalhasse na conferência mesmo sem estar totalmente engajada nas discussões, algo me marcou dentro de mim. Eu estava recolhendo xícaras de café descartadas quando, como a chave em uma fechadura, a verdade fez um clique.

Sim, minha energia e meu tempo estavam sendo mal utilizados – não só pelos outros, mas também por mim. Mas, na maioria das vezes, nada disso se deveu ao fato de outros serem inerentemente gananciosos ou indelicados, ou porque eu era fraca e cúmplice. Naquele momento, percebi que nós tínhamos aprendido, por meio da cultura consumista na qual nos criamos, a tratar os outros da mesma maneira como se tratavam as xícaras de café – usar até que não fossem mais úteis e depois descartá-las, jogando-as fora assim que elas deixassem de ser boas o bastante. Uma profunda compaixão se instalou em meu coração, tanto por aqueles que eu sentia que haviam me maltratado, quanto por mim mesma. Os papéis podem ter sido desequilibrados e injustos, mas eram apenas um reflexo do que nos havia sido ensinado. Nosso inimigo não estava ao lado de cada um, mas no sistema que nos preparava para comprar, vender e consumir um ao outro e ao planeta.

Dar nome à raiz de um problema pode ajudar muito a curar o coração. Ao nomear o motivo do problema, eu me libertei do ressentimento. Só posso esperar que isso me ajude a me afastar de tais situações no futuro e a mostrar a outras Bruxas como preservar a si mesmas e ao planeta.

Esse foi meu presente de Hécate, a Guardiã das Chaves. Eu sei que ela fez isso e muito mais por outras pessoas. Tenho certeza de que vou precisar dela novamente, quando for hora de me libertar de algo mais. Se, como Hécate, parte do papel de uma Bruxa é a capacidade de desbloquear magia para indivíduos ou para o mundo em geral, precisamos primeiro garantir que nós mesmas sejamos livres.

As chaves de Hécate também representam curiosidade. Uma Bruxa nunca deve presumir que sabe tudo. Devemos continuar a nos inclinar em nosso senso de admiração, sabendo que, atrás de cada porta trancada, há mais alguém, precisando de mais uma chave para abrir seus segredos. Às vezes, como minha experiência com a chave mítica do Tennessee, a porta não existe da maneira que pensávamos que existia. Nesse caso, podemos aproveitá-la como uma oportunidade para encontrar um tipo diferente de porta. Posso ter parado de procurar o portal para o Tennessee, mas, quando entro em lojas de artigos esotéricos onde meus livros são vendidos, sei que me tornei a chave para outras pessoas, que eu estava em busca de mim mesma e assim estava ajudando leitoras e leitores a abrir suas próprias portas para a magia (ou assim espero!).

Trabalhando com a Guardiã das Chaves

Se você quiser trabalhar com Hécate, a Guardiã das Chaves, comece cercando-se de chaves, ou pelo menos inclua algumas em seu trabalho de magia. Minhas chaves favoritas para isso são chaves mestras encontradas em lojas de antiguidades ou *vintage*. As chaves que, em minha opinião, são especialmente pungentes para Hécate são as da "gaveta de quinquilharias", as quais têm origem misteriosa e fechaduras desconhecidas. As chaves podem ser guardadas em seu altar, se você tiver um. Se não tiver, guardá-las no bolso, bolsa ou carteira é outra boa solução. (E não há motivo para não fazer as duas coisas, se você se sentir bem).

    Antes de trabalhar com qualquer ferramenta, é uma boa prática limpá-la e convidar a ferramenta para trabalhar com você. Nem toda ferramenta vai querer ser usada magicamente, por isso é importante obter permissão primeiro. Quanto às chaves, limpe-as com água salgada (não mergulhe uma chave de metal na água por muito tempo, pois ela vai enferrujar), coloque-a em suas mãos e respire sobre ela. Isso despertará a chave. Segure-a firmemente em suas mãos e imagine usá-la como uma ferramenta mágica. Se você sentir uma vibração em suas mãos ou se parecer que a chave se aquece, a chave provavelmente está dizendo que sim. Outra opção é colocar um pêndulo sobre a chave, após designar uma certa oscilação ou rotação para o pêndulo que significa "sim" e "não". Se você não sentir nada vindo da chave e o pêndulo não manifestar nada, a chave específica pode não querer ser um objeto mágico.

Se a chave estiver disposta a trabalhar como uma ferramenta mágica, considere fazer um pequeno ritual para dedicá-la a Hécate. É melhor fazer o ritual na lua nova ou na lua cheia. Se você quiser usar a chave na magia com os espíritos ctônicos, considere pintar a chave de preto ou azul-escuro, pois essas cores tradicionalmente se conectam com o trabalho de Hécate no submundo. Para outros rituais, tais como cura, amor etc., deixe-se inspirar, selecionando cores que ressoem particularmente com você e o trabalho que você deseja realizar. Dependendo de como se sente, não deve pintar a chave. Eu, pessoalmente, não pinto, em especial quando se trata de chaves antigas.

A seguir estão algumas sugestões de maneiras de incluir a energia de Hécate, a Guardiã das Chaves, em seu trabalho de magia. Naturalmente, os melhores feitiços chegam até nós de maneira orgânica, portanto sinta-se à vontade para mudá-los de acordo com seu trabalho em questão. Uma informação que pode ser útil: os números 10 e 4 são particularmente potentes no trabalho com a essência de Hécate, a Guardiã das Chaves.[24]

Iniciando o trabalho

Para começar, declare sua intenção. Pode ser algo como: "Eu dedico esta chave a Hécate-Kleidouchos, Guardiã das Chaves", ou alguma coisa que você mesmo possa escrever. Se

---

[24] Butler. "Flower of Fire", p. 24.

você estiver procurando algo mais antigo e/ou mais elaborado, esta invocação é inspirada pela tradução de "O Hino Órfico a Hécate", de Adam Forrest:

> Hécate do caminho, eu te invoco,
> Bela dama do triplo cruzamento.
> Celestial, ctônica e marinha,
> Senhora do manto de açafrão,
> Senhora do túmulo, aquela que celebra
> os mistérios dos mortos,
> Filha da destruição, amante da solidão,
> Ela, que se alegra com os cervos,
> Noturna, dama dos cães, rainha invencível.
> Aquela do grito da besta, a selvagem,
> tendo uma forma irresistível.
> Pastora de touros, Guardiã das Chaves de todo o universo,
> Dona, guia, noiva, Nutridora de jovens, errante da
> montanha. Peço-te, donzela, que estejas presente
> neste ritual de iniciação, sempre concedendo
> graças a nós, os mortais.[25]

Feitiço para abrir uma porta simbólica

Se você tem lutado para entrar em uma determinada arena, este feitiço pode ajudar. Talvez você queira trabalhar em uma

---

[25] Adam Forrest. "The Orphic Hymn to Hekatê", *Hermetic Fellowship*, última atualização em setembro 2022, 1998. Disponível em: www.hermeticfellowship.org

empresa, cujo processo de contratação é notoriamente competitivo. Talvez esteja tentando fazer parte de um coven e isso esteja indo mais devagar do que gostaria. Talvez queira entrar em uma escola ou em alguma outra organização. Talvez você se sinta como se estivesse em uma prisão e queira fazer algumas mudanças. Talvez queira abrir a porta para um novo amor. Este feitiço é melhor se feito alguns dias após a lua nova.

Se você sabe qual porta quer abrir (por exemplo, uma empresa ou uma escola), imprima uma imagem dela. Se o que você tem em mente não tem um logotipo ou marca, uma imagem de uma porta é aceitável. Escreva em um pedaço de papel o que você quer abrir através dessa porta.

Faça um círculo em seu espaço mágico com uma oferenda. (Eu gosto de oferecer alho a Hécate, em razão de seu crescimento subterrâneo, sua acessibilidade e porque eu adoro o cheiro). Coloque o papel com a imagem e uma chave no centro do círculo. Se o espaço permitir, acenda quatro velas brancas (Alternativamente, se houver uma cor que corresponda melhor ao feitiço, como o verde para questões de dinheiro ou o vermelho para o amor, isso também é bom. Se não dispuser disso, use o que estiver à mão. Velas artificiais a pilha também são um bom substituto).

Recite uma invocação a Hécate solicitando seu auxílio, usando o texto já citado ou outro que você tenha criado. Certifique-se de incluir exatamente o que deseja que aconteça, como "abrir a porta para um novo amor" ou "abrir a porta para os estudos" (incluindo o nome da instituição de ensino, se você dispuser dele).

Perfure o centro da imagem com a chave e vire-a três vezes para a esquerda.

Queime o papel quando terminar e polvilhe as cinzas em sua porta da frente, trazendo essa oportunidade até você.

Lembre-se, o feitiço por si só não é suficiente. Se estiver tentando conseguir aquele emprego ou entrar naquela escola, certifique-se de que suas inscrições sejam perfeitas e que você apareça em excelente forma para as entrevistas. Se está tentando abrir a porta para o amor, mantenha seus perfis *on-line* atualizados e verifique se você está saindo e conhecendo pessoas. Carregue a chave com você para as entrevistas, encontros e oportunidades de *networking*.

Feitiço para fechar uma porta

Antes, quando fechávamos uma porta para alguém, removíamos seu número da nossa lista de endereços. Agora, temos ainda mais técnicas para remover pessoas de nossa vida, tais como bloquear seus perfis *on-line* ou excluí-las de nossos telefones, mas isso não as apaga do nosso coração. Quando passamos um momento doloroso com alguém e parece que essa pessoa não será mais nossa amiga, amante ou colega, podemos nos perguntar quando ela vai bater à nossa porta e pedir perdão. Isso pode nunca acontecer, e nos faremos um favor se fecharmos a porta com toda a cortesia.

Um ritual para fechar a porta envolve, de fato, uma porta, assim como uma chave.

Muitos dos melhores feitiços envolvem mais imaginação do que as típicas ferramentas rituais das chamas, altares e outras. Como Bruxas, nossa imaginação pode nos conectar energeticamente a outras pessoas e lugares. Quando você estiver pronta para fechar a porta de um relacionamento ou um período de sua vida, comece por ir até sua porta da frente. Tire um momento para imaginar exatamente como era essa pessoa quando você a viu pela última vez (suas roupas, como eram seus cabelos, se estava de braços cruzados ou abertos, lembre-se de todos os detalhes que puder). Recorde-se do cheiro o máximo que você puder. Recorde-se da última coisa que lhe disse. Tente lembrar-se da voz dela.

Uma vez que você tenha aperfeiçoado sua memória da pessoa, imagine-a logo ali fora, na porta da frente. É provável que você tenha chamado uma porção da essência energética dessa pessoa para sua casa, portanto a próxima parte é muito importante.

Abra a porta e, tão alto quanto possível, diga "Adeus" ou "Está feito". Feche a porta rapidamente e com firmeza. Use a chave para bater ao redor da maçaneta da porta em quatro lugares – acima, à direita, abaixo e à esquerda da maçaneta. Faça isso três vezes.

Coloque sua mão sobre a porta e diga: "Esta porta está fechada. Nós tomamos caminhos diferentes".

Fique de pé por um momento e imagine que a pessoa desaparece e/ou evapora da porta da frente de sua casa. Talvez, da próxima vez que sair, você queira fazer uma limpeza cerimonial varrendo a sujeira com uma vassoura de giestas para longe de sua casa.

Se essa situação foi particularmente tóxica, você pode querer descartar a chave quando terminar esse trabalho. Certifique-se de fazer um ritual para agradecer a chave e libertá-la de seus deveres. Segure-a e ofereça algumas palavras de agradecimento, deixando-a saber que o trabalho está feito, será suficiente.

Talismã para as transições

Se você está em um momento de transição na vida e está procurando facilitar a mudança, carregue uma chave como um talismã de transição. Leve a chave para uma encruzilhada e segure-a firmemente entre as palmas das mãos por dez segundos. Abra as palmas e diga o seguinte sobre a chave:

> Hécate de três cabeças,
> que está ciente das minhas iniciativas,
> você vem como ajudante,
> e com os cantos e artes
> dos mágicos e da Mãe Terra,
> você instrui as Bruxas nas potentes ervas.
> Ajude-me agora, enquanto eu ando nesta encruzilhada.
> Abra a porta para o conforto e a facilidade.
> Abençoe esta chave com seu espírito guia.[26]

---

[26] Inspirada na *Metamorfose*, de Ovídio.

Carregue a chave com você em um bolso ou em seu porta-chaves. Quando a transição começar a ser difícil, segure a chave com força e lembre-se de que você tem em Hécate uma guia para lhe mostrar como atravessar este momento complicado.

Abrindo a porta para um novo caminho

Quando estiver com disposição para abrir um novo caminho, leve sua chave ungida até uma encruzilhada física. Dê as costas para a encruzilhada por um momento e pense no caminho que você está deixando para trás. Liste tudo a respeito dele e pelo que você sente gratidão, cite todas as lições e muito mais. Vire-se e encare a encruzilhada, segurando a chave em direção ao seu rosto, seu coração e cada pé, declarando, por sua vez, o seguinte:

> **Fronte**: Eu abro minha mente para o novo caminho,
>
> **Coração**: Eu abro meu coração para receber presentes da jornada,
>
> **Pés esquerdo e direito**: Abro-me a um novo caminho, guiado pela grande Hécate, a abençoada Kleidouchos, para abrir a porta, para me mostrar o caminho.

Faça uma oferta a Hécate, como algumas de suas ofertas tradicionais de comida, um poema ou uma canção em sua homenagem. Passe pela encruzilhada, sem olhar para trás.

Uma maneira fácil de fazer isso é transformar sua encruzilhada em uma interseção perto de sua casa. Atravesse a rua e dê a volta no quarteirão para chegar até sua casa.

Se você não pode ou não quer sair de casa, esse trabalho pode ser feito na porta de sua residência.

Ritual para maior compreensão de Hécate ou de outros mistérios

Deixe quatro ou dez chaves como parte de seu altar permanente para Hécate. Respire sobre as chaves regularmente, lembrando-as de seu trabalho. Não se esqueça de registrar sonhos ou momentos de sincronicidade poderosa, pois eles podem estar guardando pistas dos mistérios mais profundos que Hécate deseja compartilhar com você.

Chaves como proteção mágica

Não subestime o poder de dedicar suas chaves de casa e/ou do carro a Hécate. Para fazer isso, unte-as regularmente com terra de uma encruzilhada. Você também pode movê-las suavemente através de uma vela que você usa em seu altar, aquela designada como a tocha de Hécate. Recite o seguinte:

> Estrela-movente, portadora celestial de tochas,
> Deusa que respira fogo,
> Quatro faces, quatro nomes,

Amante dos Quatro caminhos.
Salve, deusa! Proteja minha casa, minha família,
meu transporte
e todos aqueles que estão dentro deles.[27]

Se você estiver solicitando uma ajuda específica a partir da encruzilhada ou da portadora da tocha, certifique-se de fazer oferendas regulares, seja no altar ou na encruzilhada.

---

[27] Inspirado em parte por H. D. Betz, *The Greek Magical Papyri in Translation: Including the Demotic Spells*, 2ª ed. Chicago: University of Chicago, 1992, p. 85.

CAPÍTULO 8

Mãe, Mãe Nutriz e Deusa da Fertilidade

~~~

Há tantos nomes e aspectos que ela possui.
Ela virá até mim como uma avó feroz e amorosa ou uma mulher sábia.
Eu amo, respeito e valorizo isso nela. Às vezes, quando estou lendo
Tarô ou cartas de oráculos para clientes ou durante uma cerimônia,
ela me acotovela para canalizar mensagens para quem precisar dela.
Ela vem especialmente para quem a necessita, quem está passando por
um pesar, melancolia, ansiedade ou indecisão, ou quem está diante de
uma encruzilhada em seu caminho de vida. Eu senti sua presença
quando fazia trabalhos relacionados com a morte, apoiando
as pessoas ou a transição de seres para o outro lado.
Hécate é tudo sobre os reinos noturnos, a lua,
as estrelas, as sombras e tudo o que está entre eles.

— Thorne Davis, devota moderna de Hécate

Muitas vezes, se pensa que as Bruxas amam e veneram as figuras onipresentes de deusas-mães há tanto tempo quanto as Bruxas existem. Hoje, muitas Bruxas se referem à deusa da maneira que muitos seguidores das fés abraâmicas se referem a Deus: essa deusa é uma figura feminina que é sempre poderosa, que tudo perdoa e nunca é totalmente conhecida. Não há nada de intrinsecamente errado com isso, porém esse ponto de vista é bastante novo em contraste com grande parte da história humana. As religiões pré-cristãs de todo o mundo tinham grandes figuras maternas em seus panteões, mas o seu poder era amplo e diverso. Os antigos gregos viam Gaia como uma poderosa figura de deusa-mãe, entretanto era a hipermasculinidade de Zeus que governava os demais deuses. As deusas-mães nem sempre estavam no comando. Nem sempre eram amáveis, generosas ou protetoras. Em muitos casos, as deusas-mães podiam ser evasivas, cruéis ou indiferentes aos problemas dos humanos. Muitas, como Hécate, podiam ter aspectos diferentes ao mesmo tempo.

Uma das funções de Hécate era a de guardiã das crianças. Em uma imagem na antiga cidade grega de Lagina, é Hécate quem oferece a pedra substituta para que o Titã Cronos a devore, protegendo o bebê Zeus.[1] Dizem também que Hécate compartilhou um vínculo especial com mulheres que lutavam

---

[1] Elicia Ann Penman. "'Toil and Trouble': Changes of Imagery to Hekate and Medea in Ovid's Metamorphoses", Trabalho de Conclusão de Curso (Bacharelado), Universidade de Queensland, 2014, p. 12.

para conceber, ou cujos filhos morreram prematuramente.² Os mitos de Hécate não costumam mostrá-la concebendo seus filhos, mas isso pode ser uma característica do período, visto que as pessoas raramente viviam até a velhice e que as mortes eram frequentes durante o parto. É possível que a ideia de ser mãe não estivesse ligada apenas àquelas que deram à luz e possa ter sido um papel comunitário. Irmãos, primos, tias, tios e avós provavelmente se uniram para ajudar na educação dos filhos quando um dos pais falecia cedo. Uma vez que Hécate também era comumente referida como aquela que observava de longe, ela pode ter representado a ideia de uma mãe falecida que sempre cuidaria de seus filhos.

Hécate assume um importante papel materno no que é, indiscutivelmente, o mais famoso dos antigos mitos gregos.

Hécate e Perséfone

No mito do rapto de Perséfone, Hécate tem um papel crucial para ajudar Deméter, que está enlutada, a encontrar a filha desaparecida, além de prestar auxílio a Perséfone enquanto ela reside no reino escuro e frio de Hades. Quando criança, eu me lembro de assistir a uma animação retratando o sequestro de Perséfone. Embora fosse jovem, compreendi as temáticas com facilidade: uma menina assustada, uma mãe enlutada, a mudança das estações do ano. Sua empatia e fácil adaptação são talvez o motivo pelo qual ela sobreviva ao

---

[2] Randy P. Conner. "Come, Hekate, I Call You to My Sacred Chants". Disponível em: www.academia.edu, p. 13.

longo dos séculos. No entanto, sua narrativa é com frequência intitulada "O estupro de Perséfone", um título compreensivelmente inquietante. Em outra versão da história, Perséfone foi raptada quando apanhou um narciso, uma flor cujo mito adverte contra o foco excessivo no eu. Essa flor a atraiu para o submundo, talvez sugerindo que Perséfone colaborou para sua própria desgraça. Uma versão mais contemporânea da história revela que Perséfone teria sido levada por sua própria curiosidade ao reino de Hades e lá permaneceu por sua própria vontade para melhor aprender os mistérios da vida e da morte, para desgosto de sua mãe. Em um de meus memes favoritos, um desenho animado de um casal amoroso, Perséfone e Hades, aconchegam-se juntos na cama, temendo sua próxima separação. Mas se pensarmos nessa história como uma narrativa da mudança das estações, ela pode ser reflexo de um povo antigo que encara o próximo inverno como um ataque às suas terras, ao qual sua própria vida e morte estavam inextricavelmente ligadas.

O que muitas vezes se esquece nos recontos desse mito é o papel nele exercido por Hécate. Ela não só surge literalmente segurando as tochas que marcam seu epíteto de "Portadora de Tochas", mas ela vem sozinha para ajudar Deméter. Ela não apenas transmite as informações que ela tem sobre Perséfone; ela acompanha Deméter até Hélio para descobrir a verdade. Nas antigas interpretações dos artistas sobre o encontro, Hécate e suas tochas guiam Perséfone até Hermes, que levará a jovem até Deméter, após seu período no Hades. Acredita-se também que Hécate tenha desempenhado o papel de mãe substituta para Perséfone, durante seu tempo no submundo, constituindo uma verdadeira luz durante o período de trevas vivenciado pela jovem. Quando Perséfone emerge do submundo, Hécate caminha com ela para encontrar Hermes, o deus que finalmente a leva de volta à superfície para se reunir com sua mãe.

Perséfone também era adorada pelos romanos, de duas maneiras básicas: como a donzela ou *Koré* (que significa "menina") e como a rainha do submundo. Koré é esbelta, bela, jovem e associada a símbolos de fertilidade: romãs, grãos, milho e narciso – a flor que a atraiu. Como rainha do submundo, ela é a deusa madura que reina sobre as almas mortas, uma guia para o raro ser vivo que visita o submundo, uma rainha que reivindica para si mesma o que quer.[3] Ritos em homenagem a Perséfone, ou à Koré Romana, incluíam procissões durante o inverno, que envolviam pausas em numerosos santuários que refletiam os poderes de geração tanto de Deméter e Koré, como os do deus da morte, Hades (chamado de "Plutão" pelos romanos).[4] Isso sugere que os mistérios de Deméter eram mais profundos que o solo, conectando-a com a mortalidade humana e a vida após a morte.[5]

Enquanto Hécate era certamente uma companheira de Perséfone, inclusive, sendo assim descrita com muita frequência, Hécate e Perséfone podem ter sido, em certos momentos,

---

[3] Jean Shinoda Bolen. *Goddesses in Everywoman: Powerful Archetypes in Women's Lives.* Nova York: Harper and Row, 1984, p. 197.

[4] John Pollard. *Seers, Shrines, and Sirens: The Greek Religious Revolution in the Sixth Century B.C.* Londres: Unwin University Books, 1965, pp. 67-9.

[5] Simon Price *Religions of the Ancient Greeks.* Cambridge, UK: Cambridge University Press, 2006, p. 19.

consideradas duas faces da mesma deusa: Hécate como a face de um período de trevas e Perséfone como a face da deusa retornando à terra. Hécate é o rosto da trindade ao lado de Deméter e Perséfone, mas é também a tia sábia que cuida das jovens inexperientes e das crianças – portanto, trata-se do ser da própria Hécate e, ao mesmo tempo, dos cuidados que ela oferece.

Como deusa-mãe, ligada firmemente a Deméter e Perséfone, Hécate pode representar a voz dos pais dentro da cabeça da criança: a memória das lições, apoio ou críticas dos pais, quando eles estão longe, seja por uma tarde com um colega de brincadeiras ou uma vez que eles tenham seguido em frente com suas próprias vidas.

Em outro sentido, o mito de Perséfone pode representar a relação entre cônjuges, pais e filhos, talvez para que uma pessoa possa encontrar o equilíbrio ao vivenciar esses papéis em sua própria vida. O sofrimento de Perséfone pode ser familiar a muitos: ser puxada em múltiplas direções pelas muitas obrigações, sentindo-se consternada por não ser "suficiente" para todos. Nessa perspectiva, Hécate fica no meio, sem pedir nada à pessoa em crise, mas simplesmente estando lá, como um conforto e guia.

Em algumas interpretações, Perséfone representa alguém emergindo da doença com uma maior consciência do sentido da vida, possivelmente até mesmo uma consciência de outra forma de ser, que pode ser simbolizada tendo Hécate como companheira.[6] Nessa visão, Hécate pode representar um mecanismo de enfrentamento para aqueles que sofreram

---

[6] Bolen. *Goddesses in Everywoman*, p. 219.

traumas na infância. Ela pode também desempenhar o papel de terapeuta, docente ou conselheiro(a), que ajuda uma criança a enfrentar essas situações. Hécate pode se manifestar novamente em papéis semelhantes, quando caminhamos, quando adultos, através de nossos momentos sombrios.

Enquanto isso, Deméter, como deusa da terra, detém os poderes da vida e da morte bem como do crescimento. Deméter foi reconhecida por abençoar o mundo, porém, tornou-se mais famosa por amaldiçoá-lo enquanto estava profundamente mergulhada em sua tristeza. Ela é talvez mais comumente identificada como uma mãe do que como uma encarnação da terra e das estações. É seu pesar e seu desejo insuperável de se reunir com sua amada filha que a torna familiar a muitos. No entanto, a maldição de Deméter é menos uma ação agressiva contra a terra do que uma retirada. Ela simplesmente se recusa a fazer seu trabalho até que as coisas sejam corrigidas. Deméter não é conhecida pelo que faz, mas pelo que não faz. Às vezes, o ato de recuar é mais poderoso do que dar um passo adiante.

Por fim, Hécate tem um papel pequeno, mas crucial neste mito. Sem Hécate, Deméter, com toda a sua dor, não poderia ter se aproximado de Hélio. Hécate é a presença fundamentada que enxerga através do tempo de aflição, oferecendo soluções e cutucando aqueles que estão no poder para ajudar aqueles que estão sofrendo.

Para mim, o mito de Perséfone fala de humanos tentando entender um ambiente em mudança. Poderia esse mito ser muito mais antigo que a Grécia Antiga, quem sabe, explicando o fim da era do gelo, quando o clima trouxe um aquecimento e, com ele, as novas estações? Poderia também representar o desenvolvimento da agricultura? Em ambos os casos, Hécate representa um caminho a seguir, trazendo a esperança aos momentos difíceis. Talvez agora, quando a Terra enfrenta mudanças climáticas devastadoras, a inspiração e a devoção a Hécate possam nos ajudar a encontrar maneiras de viver em harmonia com o planeta.

As possibilidades para o significado do papel de Hécate no mito de Perséfone são infinitas. No entanto, os deuses antigos raramente eram todo-poderosos. Até mesmo Zeus tinha limitações. Hécate não podia ordenar a Hades que libertasse Perséfone, nem designar quanto tempo a jovem deusa teria de passar longe da mãe. Mesmo assim, ela ofereceu o apoio que podia. Embora não fosse onipotente, Hécate não era impotente. Ela encontrou um propósito na escuridão e cuidou daqueles que estavam sofrendo e não podiam se ajudar. Talvez essa seja uma das razões pelas quais as Bruxas são muitas vezes atraídas por figuras da deusa-mãe. Muitas vezes, queremos cuidar dos outros. Até mesmo as Bruxas atraídas pela magia mais funesta fazem isso com frequência em nome de outra pessoa que foi ferida ou maltratada. Como Hécate, não somos onipotentes, mas muitas vezes podemos encontrar uma maneira de amenizar uma situação difícil, seja por meio de nossa magia ou de nossa presença assertiva.

Hécate: mãe e deusa da fertilidade

Mesmo que os deuses tivessem limites, os poderes de que dispunham eram imensos, controlando os principais elementos da Terra. Enquanto Hécate está mais associada à noite do que ao dia, sendo considerada uma deusa da lua e do submundo, não faltaram exemplos nos quais ela foi invocada como uma poderosa divindade de propósito universal, cuja proteção se estendia a todos os âmbitos da existência.

Em *Metamorfoses*, de Ovídio, o personagem principal, Lúcio, definido por seu interesse nas artes da magia, purifica-se ao mergulhar sua cabeça no mar sete vezes. Ele oferece uma oração a uma deusa suprema, que pode ser Hécate.[7] Ela surge diante dele, emergindo do mar, com uma coroa de flores de todo tipo, um disco na testa e uma túnica de muitas cores. Em sua mão direita, ela carrega um guizo de bronze, em sua mão esquerda, um prato de ouro com uma serpente enrolada em torno dele. Ela responde:

> "Eis me, Lúcio, estou aqui, movida por suas orações,
> a mãe da natureza, a senhora de todos os elementos,
> a primeira criança dos tempos, a maior das potências,
> a rainha dos mortos, governante dos céus,
> a forma singular de todos os deuses e deusas.
> Quem, com meu aceno de cabeça, organiza o cume cintilante dos céus,
> os saudáveis assopros do vento do mar e os amargos silêncios do Submundo.

---

[7] Jerusha Behari. *Ambivalent Goddesses in Patriarchies: A Comparative Study of Hekate in Ancient Greek and Roman Religion, and Kali in Contemporary Hinduism*, Tese de Doutorado (Ph.D.), University of KwaZulu-Natal, 2011, p. 109.

> De quem é o comando que a Terra inteira venera, sem paralelo,
> em muitas formas, uma variedade de rituais e em múltiplos nomes...[8]

A deusa continua listando os diversos nomes que ela recebe nas diferentes partes do mundo. Se essa é Hécate, essa passagem fala de sua antiguidade e extensão. Pode também falar de uma ideia universal, talvez na época, de que toda a vida vem de uma fonte feminina. Essa força pode ser grande e abundante, mas também aterrorizante. É o mesmo poder que nasce, cura e mata. Em resumo, é a energia que diz: "Eu trouxe você para este mundo, e posso tirar você dele". Trata-se, em definitivo, da figura materna, um título que carrega uma complexa teia de identidades.

Em muitas tradições antigas, uma deusa-mãe era sinônimo de ciclos naturais da terra. Atribuía-se a ela a produtividade do ciclo de cultivo ou a culpa por seu fracasso. Apaziguar tal deusa era considerado essencial para garantir uma colheita abundante. Os ritos de Hécate incluíam honrá-la, tanto como mãe quanto como deusa da fertilidade, mas talvez não de uma maneira que pudéssemos reconhecer. Aqueles que adoravam a mãe fértil, também a honravam como uma portadora da morte, reconhecendo que, sem a morte, não poderia haver vida, e a morte aparente ou real no final de cada ciclo de cultivo era essencial para que uma nova vida viesse no ano seguinte.

---

[8] Behari. "Ambivalent Goddesses in Patriarchies", pp. 110-11.

A associação de Hécate com o título "centena" pode se referir aos cem meses lunares de crescimento do milho, conectando-a ao ciclo de vida da cultura. No final do século VII, a fama da deusa tríplice do milho, em suas muitas formas, se espalhou pelo exterior, tornando-se também associada a divindades sombrias e bestiais.[9] A mudança de uma divindade especialmente abundante para uma muito mais sombria ou até mesmo assustadora pode ter sido provocada pela fome, guerras ou doenças. Uma deusa como Hécate, cuja história a revela como benevolente e horripilante ao mesmo tempo, carrega as experiências de pessoas de longa data que vivenciam eventos suaves e terríveis.

Seja grande ou assustadora, Hécate era reverenciada com frequência como uma deusa da fertilidade. Em certos locais na Grécia, as tochas de Hécate eram carregadas em campos recém-semeados para promover sua fertilidade.[10] Acreditava-se também que esses rituais eram mais bem-sucedidos se os próprios condutores dos ritos fossem férteis e, portanto, liderados por pessoas em idade fértil.[11] Esses ritos podem sugerir que Hécate era uma deusa fortemente associada à fertilidade, bem como à morte e à decomposição. Os antigos estoques de milho murcham, desintegram-se e morrem e, ao fazê-lo, tornam-se o composto que alimenta o solo, estimulando o crescimento futuro. Se Deméter é o milho

---

[9] Pollard. *Seers, Shrines, and Sirens*, p. 75.

[10] Charlene Spretnak. *Lost Goddesses of Early Greece: A Collection of Pre-Hellenic Myths*. Boston: Beacon Press, 1992, p. 76.

[11] Pollard. *Seers, Shrines, and Sirens*, p. 75.

maduro e Perséfone é o novo crescimento, morte, decadência e regeneração, Hécate é a jornada da vida para a morte e da morte para a vida – a Portadora da Tocha que ilumina e guia o caminho através dos reinos limítrofes.

Se novas culturas crescem a partir das formas em decomposição resultante das anteriores, uma deusa da fertilidade andaria periodicamente pelo submundo. Portanto, Hécate facilmente assumiria os papéis tanto da deusa da nova vida quanto de uma deusa que caminhava com fantasmas. Talvez tenha sido esse papel de deusa da fertilidade que a levou a cuidar de todas as outras coisas. Esse foi também um dos papéis mais antigos e mais importantes de Hécate.

Hécate era conhecida como *kourotrophos* (que significa "enfermeira" ou "cuidadora de crianças") de todos os seres vivos.[12] Algumas das imagens originais de Hécate espelham a famosa "grande mãe" sentada de Çatal Hüyük, uma antiga cidade, localizada onde hoje é a Turquia. Ela pode ter herdado outros traços antigos das deusas da fertilidade que aparecem de forma proeminente em todos os períodos arqueológicos, na Ásia Menor.[13] Na poesia de Hesíodo, suas funções eram tão universais quanto as da deusa grega Atena, dentre as quais estavam as relativas à lei e à vitória, mas também à criação de filhos.[14] Uma figura adjacente a Hécate, encontrada em um relevo num lécito (*lekythos*), segura uma flor que

---

[12] Robert Von Rudloff. *Hekate in Ancient Greek Religion*. Victoria, BC: Horned Owl Publishing, 1999, pp. 450-52.

[13] Jacob Rabinowitz. *The Rotting Goddess: The Origin of the Witch in Classical Antiquity*. Brooklyn, NY: Autonomedia, 1998, p. 17.

[14] Pollard. *Seers, Shrines, and Sirens*, p. 61.

poderia ligá-la à fertilidade.[15] Alguns pintores a retrataram como uma guardiã do casamento.[16]

A associação de Hécate com a fertilidade também pode vir através de outras deusas. O historiador e filósofo grego Estrabão acreditava que Hécate pertencia a um círculo de cultos em Frígia (reino da Ásia Menor, existente entre 1200-700 AEC), do qual a figura principal era uma deusa da terra, tendo os rituais orgíacos como uma das características marcantes.[17] Nesses mesmos cultos, Ártemis foi retratada como uma grande mãe. Entretanto, vale ressaltar que Hécate era frequentemente chamada de Ártemis, mas Ártemis não costumava ser chamada de Hécate com frequência. Em algum momento, Ártemis evoluiu para a conhecida caçadora virgem da lua, uma irmã que se ajusta ao deus solar Apolo, e foi Hécate que libertou Ártemis de seus traços, incluindo o de fertilidade.[18] Astéria, a deusa estrela e mãe de Hécate, deu abrigo à deusa Leto quando ela deu à luz os gêmeos de Zeus, a quem não foi dado descanso porque Hera a amaldiçoou por ter mantido relações com o deus. Acreditava-se, portanto, que Astéria olhava para aquelas que davam à luz, assim como para quem se encontrava em circunstâncias perigosas ou em momentos de transição. Uma deusa da antiga província grega de Arcádia, que estava

---

[15] Semni Karouzou. "An Underworld Scene on a Black-Figured Lekythos", *The Journal of Hellenic Studies* 92 (1972), p. 67.

[16] Karouzou. "An Underworld Scene on a Black-Figured Lekythos", p. 69.

[17] L. R. Farnell. "Hekate's Cult", em: *The Goddess Hekate: Studies in Ancient Pagan and Christian Religion and Philosophy*, Vol. 1, Stephen Ronan (org.). Hastings, UK: Chthonios Books, 1992, p. 23.

[18] Rabinowitz. *The Rotting Goddess*, p. 19.

associada à fertilidade, era chamada especificamente de Despina-Hécate. O nome Despina-Hécate também era dado a portas e portões, um lugar-limite que costumava ser associado à fertilidade e ao nascimento.[19] Hécate estava presente no nascimento, quando a alma se une ao corpo, mas também no momento da morte, quando a alma abandona o corpo. O nascimento e a morte estavam de mãos dadas, a alma na alma.

Hécate, juntamente com outras divindades da noite, estava comumente associada ao ciclo da vida e à fertilidade dos seres humanos, bem como à magia negra e ao submundo.[20] Pessoas em idade fértil eram provavelmente os condutores dos rituais de fertilidade, talvez sob a crença de que os ritos seriam mais bem-sucedidos se os participantes ativos fossem aqueles que colheriam as recompensas do próprio ritual.[21] Isso pode levar a crer às pessoas praticantes da contemporaneidade que Hécate é uma protetora específica das mulheres. Embora, com certeza, não haja nada de errado com o fato de mulheres, cis ou trans, encontrarem uma conexão especial com Hécate por causa de seus papéis muitas vezes associados ao feminino, é importante notar que Hécate não é *apenas* uma deusa para as mulheres. Diferentes ritos religiosos e práticas culturais na Grécia Antiga sugerem que eles reconheceram um espectro mais amplo de identidade de gênero do que simplesmente o homem e a mulher. Embora

---

[19] Sorita d'Este e David Rankine. *Hekate Liminal Rites: A Study of the Rituals, Magic and Symbols of the Torch-Bearing Triple Goddess of the Crossroads*. Londres: Avalonia, 2009, p. 42.

[20] d'Este e Rankine. *Hekate Liminal Rites*, p. 40.

[21] Pollard. *Seers, Shrines, and Sirens*, p. 75.

desvendar esses rituais e práticas esteja além do escopo deste livro, é importante lembrar disso ao abraçar a Bruxaria moderna em geral e as práticas de Hécate em particular. É bem provável que Hécate tenha sido tradicionalmente associada a uma variedade de identidades de gênero e que continue sendo uma protetora disponível para Bruxas de todos os gêneros.

Se o trabalho fosse bem-sucedido e a deusa da fertilidade ficasse satisfeita, os presentes que ela poderia dar seriam ilimitados. Sobre Hécate, o escritor Hesíodo afirma:

> E ela é bondosa quando está ao lado dos cavaleiros e de quem ela quiser: e para aqueles cujos assuntos estão no desconfortável mar cinzento, e que rezam a Hécate e ao estremecedor da Terra, facilmente a gloriosa deusa oferece pesca farta, e facilmente ela a tira assim que lhe parecer, se assim ela quiser. Ela é bondosa no estábulo com Hermes para aumentar o estoque. Os rebanhos de gado e a imensa criação de cabras e rebanhos de ovelhas felpudas, se ela assim quiser, ela os ampliará aos poucos, ou fará muitos para serem menos. Então, embora seja a única filha de sua mãe, ela é honrada entre todos os deuses imortais. E o filho de Cronos fez dela uma cuidadora de jovens, que depois daquele dia viram com os olhos a luz do amanhecer que a tudo assistia. Portanto, desde o início, ela é uma cuidadora das crianças, e essas são suas honras.[22]

---

[22] Hesiod. *Theogony 440-452*, "Greek Texts & Translations", Perseus Project at University of Chicago, p. 1.

Viajando com a deusa-mãe

Há um sentimento comum na Bruxaria contemporânea de que as deusas devem ser deusas-mãe, que são todas sobre doçura, luz e bondade, ou deusas "sombrias", que são apenas sobre coisas assustadoras. Supõe-se que elas não podem ser ambas. Portanto, quando convidam uma deusa-mãe para suas vidas e esperam a doçura do açúcar das primeiras, as novas Bruxas são muitas vezes confundidas por golpes de má sorte ou outras lições difíceis. Convidar uma deusa assim só poderia trazer alegria, certo? Mas quando dou aulas sobre essas deusas, peço aos pais na sala que levantem as mãos e depois perguntem: "Seus filhos diriam que você é sempre doce e leve"? Eles sempre riem e dizem "não" (geralmente eles dizem "é claro que não!"). Acho que ninguém espera que uma mãe ou pais em geral sejam gentis o tempo todo. Se fossem, não estariam fazendo seu trabalho. Por que não deveríamos esperar essa mesma complexidade em uma deusa-mãe?

    Os antigos pareciam compreender a tessitura dos papéis das deusas-mãe. Eles provavelmente aceitavam a confusão e as contradições, entendendo que as deusas-mãe poderiam ser difíceis e que as deusas da fertilidade não eram deusas mágicas. As deusas da fertilidade não representavam tanto a abundância, mas sim o processo, o relacionamento, o sacrifício e a fé. Aqueles que trabalham de perto com a terra, mesmo que seja um simples jardim, experimentaram o declínio e os fluxos da relação com a deusa da fertilidade. Do mesmo modo, se você perguntar a qualquer pessoa que tenha passado pelos exames de tratamento de fertilidade, você saberá que a fertilidade não é concedida porque você a quer, mesmo que tome todas as medidas que o livro ou o médico prescreverem. Como a deusa que desce ao submundo, a deusa da fertilidade às vezes desaparece de uma situação sem nenhuma explicação clara. Ela vai trazer as colheitas de volta no próximo ano? Será que ela ajudará com um bebê? Para onde ela foi? Nós não sabemos.

A Bruxaria Moderna teve uma quase obsessão com relação à gravidez e ao nascimento, com a onipresença da deusa, mostrada regularmente como pacífica e grávida. A mitologia neopagã da roda do ano tem um foco constante na fertilidade da terra e na procriação feminina. Isso vem de um belo lugar, do desejo de honrar o divino feminino e do corpo de pessoas femininas que foram demonizadas. Ainda assim, esse foco tão intenso pode ser segregador e até desmoralizante. Muitas Bruxas não se identificam como femininas. Muitas estão em relacionamentos com pessoas do mesmo sexo. Algumas Bruxas não são de todo sexuais. Nem todas elas nascem com um útero. Nem todas elas Bruxas com útero podem usá-lo para a procriação. Muitas Bruxas não querem dar à luz ou criar filhos. Onde está, então, o espaço para essas Bruxas?

Hécate também tem uma resposta para isso.

Como Hécate ao lado de Perséfone no submundo, a clássica Bruxa tem sido tradicionalmente uma mãe adotiva ou substituta, um papel que desempenha com frequência em nossas próprias comunidades. Em inúmeros contos de fadas e outras histórias, a tia sem filhos ou a vizinha excêntrica que também tende a ter poderes mágicos constituem um farol de segurança ou inspiração ou ainda um papel forte e formal na vida da criança. A Bruxaria Moderna costuma abraçar a adoção não oficial, acolhendo a ideia de família escolhida nas comunidades de feitiçaria. Embora isso possa proporcionar muitas outras complicações, diversos grupos de Bruxaria rotulam um ou mais de seus líderes como um personagem do tipo mãe e/ou pai. As Bruxas muitas vezes são mentoras de Bruxas mais jovens ou inexperientes. E quase todas as Bruxas que conheço estão envolvidas em algum tipo de resgate de animais, cuidando dos animais como se fossem seus próprios filhos.

Entretanto, mais do que biologia ou cuidar (ou não) de crianças, a deusa-mãe traz verdades duras. Assim como os pais podem transmitir uma mensagem a seus filhos, a qual ninguém mais se atreve a proferir, esse disfarce de Hécate nos torna conscientes de partes de nós mesmas que precisamos enfrentar, questões sombrias que devemos combater, áreas que precisam de cura, partes que precisam de motivação.

Honrando Hécate, a Mãe

Para envolver Hécate, a Mãe, no trabalho que você deseja realizar, o seguinte ritual pode ajudar.

Durante três meses, tanto na lua nova quanto na lua cheia, guarde um tempo para olhar para a lua. Isso pode ser um desafio em noites nubladas, portanto tentar em horários diferentes também é válido. Outro ponto é que isso ainda pode ser particularmente difícil em noites de lua nova, assim, faça o melhor que puder. O ideal seria que esse procedimento acontecesse do lado de fora da casa. Se o tempo estiver ruim ou se você morar num lugar onde não possa estar ao ar livre de maneira privada e segura, faça isso numa janela onde você possa ver a lua (ou onde ela estiver mais próxima em noites nubladas), pois também tem eficácia.

Diga o seguinte em voz alta, como se você estivesse falando diretamente para a lua:

> Pois até hoje, sempre que qualquer um de nós na Terra
> oferece ricos sacrifícios e reza por favores
> de acordo com os costumes,
> Nós invocamos Hécate.
> Grande honra vem facilmente para aqueles
> cujas orações a deusa recebe favoravelmente,
> E ela lhes concede riqueza,
> Pois o poder certamente está com ela.[23]

Realize esse feitiço tanto na lua nova quanto na lua cheia por três meses. Levando em conta as conexões com o tempo de colheita, prefira realizar isso durante os meses que envolvem a colheita. Dependendo de sua região, esse período pode variar. Onde moro, os meses de colheita são agosto, setembro e outubro. Entretanto, se você quiser fazer essa conexão em um momento diferente, não há tempo errado para fazê-lo.

Após esse ritual de três meses, considere refazer essa prática sempre que sentir necessidade de voltar a se apresentar a Hécate.

---

[23] Inspirado em Hesíodo. *Theogony*, pp. 416-20.

Feitiço para proteger alguém de quem você gosta

O próximo feitiço é inspirado por um outro que aprendi com os praticantes de *Hoodoo*. Tire uma foto da pessoa, pessoas ou animais que você deseja que Hécate proteja. Isso pode também ser feito com você mesma. Embrulhe a imagem em um pequeno pedaço de algodão ou tecido de seda e coloque-a em um pequeno frasco. Fixe uma vela preta no topo do frasco. (Uma maneira fácil de fazer isso é derreter parte da cera na parte inferior da vela e afixá-la firmemente na tampa do frasco. Evite usar colas, pois muitas são inflamáveis). Acenda a vela e diga a seguinte oração de proteção:

Como a escuridão da lua nova reveste a grande Selene,
Que a bendita escuridão impeça o mal,
dano ou infortúnio de encontrar [nome].
Que sejam mantidos nas mãos sagradas de Hécate,
Em segurança, paz e bênçãos.

Faça uma oferenda a Hécate, seja através de libação, poesia ou canção. Dizer o hino do ritual anterior é uma bela oferenda. Acenda a vela durante alguns minutos por dia enquanto reza a oração de proteção. Quando a vela estiver toda derretida (a cera deve cobrir pelo menos parte do frasco), considere fazer o ritual novamente com uma vela nova. A ideia é que a cera preta cubra o jarro para que o mal ou dano não encontre o que lhe interessa. Isso também pode ser feito para um negócio, empreendimento ou grupo social.

Feitiço para a fertilidade

Pegue um pouco de água da lua (ver p. 88). Se você estiver cultivando plantas ou houver plantações perto de sua casa, borrife a água sobre as plantas à noite, enquanto diz a seguinte oração:

> À medida que a lua cresce de nova para cheia,
> Assim você pode crescer forte e cheia
> com as bênçãos, sopro e beijo de Hécate.

Se você estiver tentando engravidar, sozinha ou com um parceiro, use essa água em seu banho ou chuveiro, prestando atenção especial à lavagem de seu útero ou área de testículos.

Feitiço para iniciativa e crescimento

A água da lua trabalhada no último feitiço também pode ser usada para a iniciativa e o crescimento. No entanto, você também pode dar um passo adiante, encorajando fisicamente o crescimento.

Pegue uma cabeça de alho e sussurre para ela tudo o que você deseja que o seu empreendimento seja. Digamos, por exemplo, que você esteja dirigindo um negócio. Descreva o negócio à cabeça de alho como se a própria cabeça fosse o negócio: "Você é uma empresa de *web design*. Você presta serviços a clientes artísticos". Diga à cabeça de alho quantas pessoas ele serve, e o que você quer ver acontecer no futuro. Por exemplo: "Você tem quinze clientes. Dentro de um ano, você terá dobrado o número de clientes que você tem atualmente".

Quebre a cabeça de alho, plante os dentes de alho em um vaso com terra numa área ensolarada. Regue regularmente para que o solo permaneça úmido, mas não encharcado. Quando regar o alho, sussurre sobre ele:

    Hécate, abençoe esta empreitada.
    Hécate, alimente esta empreitada para que cresça.

Quando o alho brotar, corte-o e torne-o parte de sua nova oferenda a Hécate.

CAPÍTULO 9

O Grimório de Hécate

E que os altares, onde se reúnem os anciãos, resplandeçam em honra dos homens veneráveis. Assim, seu estado pode ser bem regulado, se eles tiverem respeito pelo poderoso Zeus, e acima de tudo, Zeus, o guardião da hospitalidade, que por venerável promulgação orienta o destino corretamente. E que o outro guardião seja sempre renovado, rezamos: e que Ártemis-Hécate cuide do parto de suas mulheres.

– ÉSQUILO, AS SUPLICANTES[1]

A história de Hécate como uma deusa das Bruxas é de fato complexa e, mais uma vez, devemos nos lembrar que ela tem raízes em muitas culturas diversas, e não é apenas de origem grega. Alguns acreditam que certas características da antiga Bruxaria Grega foram herdadas do Egito, características que incluíam a prática de magia não apenas como proteção contra o mal, mas aproveitava tanto o

---

[1] Herbert Weir Smyth (trad.). *Aeschylus in Two Volumes*, Vol. 1 (Londres: William Heinemann, 1922, p. 69.

bem como o mal para alcançar os objetivos e a crença no poder mágico sendo ligada a certas palavras, gestos e rituais.[2] Embora hoje não tenhamos acesso a muitos – se é que temos algum – desses rituais, isso nos mostra que Hécate tem um legado de resposta aos rituais feitos em sua honra. Podemos também supor que o uso de palavras, orações e hinos é bastante poderoso ao invocar Hécate.

Esses hinos eram tradicionalmente oferecidos não somente a Hécate, mas também a outras divindades como Apolo, Hermes, Hélio, Afrodite e Tifão. Ela era muitas vezes invocada como uma trindade, ao lado de Selene e Ártemis ou Deméter e Perséfone. Esses deuses parceiros nem sempre foram gentis: Tifão, em particular, foi descrito como um monstro terrível banido por Zeus para o submundo. Os gregos pareciam acreditar que havia poder e propósito na invocação de deuses mais assustadores do que outros.

Nos tempos antigos, Hécate costumava ser procurada para revelar, adivinhar e receber mensagens de oráculos, invocando um espírito para usar em outras magias, aliciando ajuda dos deuses e impedindo a interferência de um deus. Outros feitiços de Hécate eram concebidos para atração sexual, favores e vitória, memória e premonições, cura e libertação de feitiços. Ela também era invocada para silenciar um concorrente ou infligir danos a um inimigo. Os ritos de Hécate envolviam com frequência horóscopos e astrologia. As Bruxas geralmente tinham Hécate abençoando amuletos ou outras adornos,

---

[2] Georg Luck (trad.). *Arcana Mundi: Magic and the Occult in the Greek and Roman Worlds*. Baltimore, MD: Johns Hopkins University Press, 1985, p. 25.

que poderiam ser usados em outros feitiços.³ O nome de Hécate era inscrito em amuletos mágicos ou demais talismãs, que eram preenchidos com ervas sagradas para Hécate.⁴

Assim como hoje, a feitiçaria é o trabalho de usar o espírito e o ritual para realizar uma mudança desejada em sua vida. Está na hora de trazer o amor? Talvez o dinheiro esteja apertado e você possa ter mais prosperidade. Talvez haja energias negativas em sua vida que você gostaria de eliminar. A mudança na vida de uma pessoa através do lançamento de um feitiço é a essência da Bruxaria. Como uma deusa das Bruxas, Hécate tem uma longa história de assistência em feitiços.

O presente capítulo contém feitiços e rituais que podem ser úteis quando se trabalha com Hécate. Agora, ninguém precisa lançar feitiços para conhecer Hécate, mas como muitas pessoas que trabalham com a deusa gostam de lançar feitiços, eu incluí muitos nesta seção. Inspire-se neles e torne-os próprios. Não hesite em acrescentar ou improvisar.

Lembre-se sempre de que a magia é um ato criativo e estou convicta de que as Bruxas são artistas, mesmo que não pratiquem nenhum outro tipo de arte além da Bruxaria. Deixe sua marca pessoal no trabalho que você faz. Como tática prática e ambiental, use o que você tem, colha coisas de forma sustentável, ou reutilize itens mais antigos, pois isso é sempre algo positivo de se fazer.

---

[3] Eleni Pachoumi. *The Concepts of the Divine in the Greek Magical Papyri*. Tubingen, Germany: Mohr Siebeck, 2017, p. 6.

[4] Rick Strelan. "'Outside Are the Dogs and the Sorcerers' (Revelation 22:15)", *Biblical Theology Bulletin* 33, nº 4 (novembro 2003): p. 153.

Para começar: fazer uma oferenda a Hécate

Se quisermos a ajuda de Hécate, ou de qualquer divindade, precisamos fazer com que ela valha a pena. Para isso, comece com uma oferenda.

Como em qualquer oferenda, mantê-la pessoal é fundamental. Sempre acho mais fácil imaginar que essa deusa é uma pessoa. Se eu não conhecesse minha amiga Kanani para além de sua reputação, mas ainda quisesse obter um favor, oferecer-lhe um sorvete ou café seria um bom começo, pois seu amor por ambos é público. Entretanto, como conheço Kanani há muitos anos, também sei que ela experimentou queijo *brie* assado em minha casa há alguns anos e adorou. Agora, outras pessoas podem fazê-la ganhar o dia oferecendo-lhe *brie* assado. Contudo, ela espera isso de mim, pois isso faz parte de nossa história. Hécate é bem conhecida por seu amor ao alho e ao mel, mas talvez, em sua casa, ela anseie pela geleia de framboesa que você preparou no ano passado. Se você se sentir chamado a oferecer um pouco disso em seu prato de oferenda, não evite o impulso só porque não é "tradicional".

Alimentos e bebidas são, e têm sido historicamente, o que as pessoas costumam oferecer aos deuses em muitas culturas diferentes, talvez com a crença de que os deuses vão se alimentar da essência, ou da fragrância, do que foi oferecido. Preparar uma refeição ou um prato de comida para um deus ou uma deusa é muito satisfatório e certamente traz grandes resultados, mas não é a única maneira de fazer as coisas.

Use seus talentos naturais – ou melhor, faça coisas de que você gosta. Não sou famosa por minha voz de cantora, mas adoro cantar. Embora eu não seja nenhuma cantora da Broadway, quando canto para os deuses, as pessoas me dizem que pareço maravilhosa. Acho que é porque estou cantando por amor ao trabalho e para eles, não por nenhuma razão performativa. Escrever poemas, fazer desenhos, plantar ou fazer arranjo de flores, até mesmo fazer a programação para um belíssimo *site* dedicado a eles são todos presentes inestimáveis dos deuses. Deixe a inspiração agir – e se não o fizer, sinta-se livre para organizar um prato de oferendas da lista que se segue. Aqui estão algumas coisas pelas quais Hécate é conhecida por ser particularmente afeiçoada:

- † Alho
- † Vinho
- † Cebolas
- † Bolos (qualquer coisa doce)
- † Imagens de cães (particularmente os de pelagem preta), bois, cobras ou ovelhas
- † Chaves
- † Velas
- † Madeira de carvalho, folhas ou bolotas de carvalho
- † Mel
- † Ervas (ver a seguir)

Ervas historicamente sagradas para Hécate

Hécate tem uma forte ligação com as ervas, tanto por seus poderes de cura quanto por seu poder de envenenamento. Como Hécate, muitas ervas podem incorporar os poderes tanto da vida quanto da morte. Hécate foi especialmente associada com as ervas que crescem nos cemitérios.[5] As seguintes ervas são sagradas para Hécate e podem ser usadas para decorar os rituais ou veículos de feitiços dedicados a ela. *Como nota adicional, estas ervas não são sugeridas aqui para ingestão ou para fazer unguentos para a pele.* Elas são listadas com a recomendação de que sejam usadas como oferendas a Hécate. Como algumas delas são venenosas, o ideal é usar uma imagem da planta em seu espaço ritual em vez de expor membros da família, colegas, animais de estimação ou você mesmo, ao trazer esse tipo de plantas para sua casa. As plantas não venenosas podem ser usadas em amuletos, mas algumas podem causar irritação na pele. Se você tiver alergia a alguma dessas plantas, selecione outra erva! Não importa o que aconteça, tenha o cuidado de pesquisar cada erva antes de usá-la. É sempre melhor usar ervas que crescem perto de você ou que são colhidas de forma sustentável. Os deuses preferiram que preservássemos nosso planeta em vez de saqueá-lo em nome deles.

† Açafrão (*Crocus sativus*)
† Acônito (*Aconitum napellus* [venenoso se ingerido ou manipulado sem luvas])

---

[5] Strelan. "'Outside Are the Dogs and the Sorcerers'", p. 153.

- † Asfódelo (*Asphodelus albus*)
- † Camomila (*Matricaria chamomilla*)
- † Carvalho-roble (*Quercus robur* [venenoso se ingerido])
- † Dictamo-branco (*Dictamnus albus*)
- † Gengibre (*Zingiber officinale*)
- † Salsaparrilha (*Smilax rotundifolia*)
- † Louro ou folhas de louro (*Laurus nobilis*)
- † Mandrágora (*Mandragora officinarum* [venenoso se ingerido])
- † Manjericão, basilicão ou alfavaca (*Ocimum basilicum*)
- † Mostarda de sebe (*Sisymbrium officinale*)
- † Nabalus (*Nabalus serpentarius*)
- † Papoula selvagem (*Papaver setigerum*)
- † Rosmaninho (*Lavandula stoechas*)
- † Sálvia comum (*Salvia officinalis*)
- † Verbena (*Verbena officinalis*)

As oferendas a Hécate podem ser deixadas no altar que você criou para ela; seja em uma encruzilhada, seja em qualquer outro lugar que você considere adequado.

Invocações a Hécate

Visto que Hécate tem sido historicamente invocada através de orações e hinos, é provável que, ao usar algumas de suas antigas invocações, você acrescentará muito poder a seus rituais com ela. É claro que você pode escrever sua própria invocação, pois a inspiração pessoal é uma ferramenta poderosa.

Se decidir escrever suas próprias invocações, considere preservá-las (talvez em um diário de magia, no computador ou na nuvem) e utilizá-las repetidamente. Uma grande força cresce em encantamentos quando são usados inúmeras vezes.

Alguns dos encantamentos históricos podem ser encontrados a seguir:

Ao seu redor, você transforma a natureza do mundo... você criou todas as coisas cósmicas.[6]

Você é o começo e o fim: só você governa tudo, pois todas as coisas vêm de você e todas as coisas acabam, eternas, em você.[7]

Todos saúdam a mãe de muitos nomes,
Salve poderosa Hécate, a guardiã dos portais.
Molde minha vida com sua tocha incandescente,
Enriqueça-a com muitas bênçãos,
E expulse dela a doença e o mal,
Quando minha alma estiver
enfurecida por pequenas coisas,
Abençoe-me com seus rituais de cura.
Rezo para ser guiada por sua mão gentil,
Quando estiver cansada, seja meu escudo e guia,
Salve a mãe de muitos nomes,
Salve a poderosa Hécate, a guardiã dos portais.

---

[6] Strelan "'Outside Are the Dogs and the Sorcerers'", p. 153.

[7] Strelan. "'Outside Are the Dogs and the Sorcerers'", p. 153.

Eu invoco você, Hécate da encruzilhada,
a senhora de três faces,
Deusa vestida de açafrão, do cosmos,
do submundo e do oceano,
Caminhante entre os túmulos, revelando os mistérios dos
mortos, Filha da destruição, amante do selvagem,
Mãe da noite, protetora dos caninos, rainha-mor,
Mulher selvagem, primordial, irresistível,
Guardiã das Chaves de todo o mundo,
Grande dama, peço humildemente sua presença
em meus ritos sagrados.

Oh Selene de três faces, esteja comigo agora.
Escute graciosamente minha oração,
Manto da noite, Lua virgem,
Que cavalga sobre os animais mais ferozes,
Você que dança em formas triplas,
E deleita-se entre as estrelas,
Você é a Justiça, Você é as Moiras,
Você é o destino, Você é o desafio,
Você é o perigo, Você é a Justiça,
Você mantém os monstros acorrentados,
Oh, você dos cabelos de serpente e cingido,
Ela que cede sobre o sangue dos vivos,
E se alimenta do coração daqueles que
morreram muito jovens,

> Caminhante dos Túmulos e ela que
> pode conduzir à loucura,
> Junte-se a mim agora, me ajude em meus rituais.[8]

Desenvolvendo a capacidade básica da magia

Assim como fortalecer a musculatura requer tempo e esforço, o mesmo ocorre com a Bruxaria. Os feitiços podem funcionar na primeira vez que você tentar lançar um, mas você só alcançará um sucesso mais consistente se tratar a Bruxaria como um ofício, praticando-a regularmente e se concentrando em aprimorá-la cada vez mais. Há muitas maneiras de se tornar uma Bruxa, e uma delas é por meio da construção de um relacionamento com uma divindade. Hécate, como aprendemos, é uma grande opção, visto ser ela mesma uma Bruxa poderosa. Para desenvolver esse relacionamento e aumentar sua habilidade mágica, execute alguns dos feitiços de rotina, como segue.

Energizando-se sob a lua cheia

O ideal seria fazer este feitiço fora de casa e descalça, em noites de lua cheia. Entretanto, se você não puder sair, praticar junto à janela é uma boa opção.

---

[8] As traduções completas podem ser encontradas em: Stephen Ronan, *The Goddess Hekate: Studies in Ancient Pagan Religion and Christian Philosophy*, Vol. 1.

Focando na lua, inspire e imagine que você está conectada a ela, e cada poro do seu corpo está se enchendo de luar. Cante o nome de Hécate, em um tom longo e solo: *Hé--ca--te--*. Inspire profundamente e entoe novamente o nome de Hécate. Faça isso por cerca de dez minutos. Inicialmente, pode ser útil usar um relógio para controlar o tempo. Dez minutos podem parecer muito mais longos ao fazer meditação ou magia, do que ao efetuar as demais atividades diárias.

Depois de entoar o nome de Hécate, fique em silêncio, de olhos fechados, mas sabendo que você ainda está à vista da lua e sendo gratificada com sua luz. Faça isso a cada lua cheia durante os primeiros três meses, enquanto trabalha com Hécate. No futuro, você pode não precisar fazer isso todos os meses, mas pode achar útil reconectar-se facilmente quando sentir que, em certos períodos, Hécate se sentiu longe de você.

Especialmente nos primeiros dias de realização desse trabalho, não deixe de manter um diário com pensamentos e experiências incomuns que aconteçam durante o dia. Certifique-se também de anotar os sonhos que você tiver durante esse tempo.

Limpando o eu da negatividade

Durante as luas nova ou minguante, escolha uma vela preta para o seu ritual (preta porque absorve). Antes de acender a vela, passe-a sobre seu corpo como um rolo de algodão, enquanto repete o seguinte cântico:

> Em nome da deusa sombria,
> da mãe abençoada,
> da serpente sagrada,
> eu despejo esta má sorte
> como a criatura despeja sua pele.

Se houver algo em particular que você queira retirar de sua vida (um mau hábito, um problema com um colega de trabalho, até mesmo uma relação tóxica), grave na vela uma ou duas palavras que a descrevam, ou as iniciais da pessoa da qual você quer manter distância.

Acenda essa vela todas as noites até que ela queime até o fim. Lembre-se de apagá-la ao sair do quarto ou quando for dormir. Acenda-a novamente no dia seguinte, e todos os dias seguintes, até que a vela termine de queimar. Quando a cera restante tiver esfriado, leve os restos para uma lata de lixo em uma encruzilhada (as áreas urbanas tendem a ter latas de lixo nas esquinas que são ótimas para esse tipo de trabalho) e quebre a cera pela metade, longe de você. Jogue os restos na lata de lixo e volte para casa sem olhar para trás.

Depois, faça uma oferenda a Hécate.

Água da lua

Fazer e usar água da lua é benéfico tanto para os feitiços quanto para sua relação com Hécate. A água é um dos principais ingredientes da magia. Usada para banhos rituais, unção para proteção e para marcar um espaço sagrado antes de realizar trabalhos mágicos, a água da lua é também provavelmente o ingrediente mais barato e acessível que você pode usar em um feitiço. Algumas pessoas preferem usar a água benta, que pode ser obtida de uma igreja católica, de graça, embora seja gentil fazer uma pequena doação para a igreja, como sinal de gratidão. A Água de florida, que pode ser obtida em muitas drogarias e lojas de artigos esotéricos ou encomendada *on-line*, é outra boa opção. Algumas pessoas usam em seus trabalhos de magia apenas água destilada ou água de poço. Acredito que a água da torneira é perfeitamente boa.

Se você quiser carregar a água com as energias de Hécate, há várias maneiras de fazer isso, dependendo do objetivo que você tem para usar a água. As diferentes fases da lua carregam qualidades diferentes. Você pode decidir fazer uma água mágica que corresponda a todas elas. A água pode tornar-se fraca se for guardada por muito tempo, portanto, se você não tiver certeza de que deseja usar a água imediatamente, considere congelá-la. Você pode utilizar as forminhas de gelo de seu *freezer* e fazer cubos individuais de água da lua de Hécate, que pode ser descongelada e usada individualmente quando você estiver pronta para usá-la. (Nunca tenha receio de incluir tecnologia contemporânea quando estiver trabalhando em seus feitiços!)

Outro método de fazer água da lua

Como discutido anteriormente neste livro, capturar o reflexo da lua em uma tigela de água irá, instantaneamente, fortalecer a água com a lua. Isso pode ser um desafio em áreas com uma densa camada de nuvens. Resido na região noroeste do Pacífico, onde o céu está quase sempre nublado durante vários meses do ano. Eu tenho de fazer o melhor que posso nessas noites! Se você não puder fazer isso em razão de um conflito de horários ou das nuvens, coloque um prato de água em seu quintal ou no parapeito de sua janela por três dias: na noite antes da lua que você quer usar, na noite da lua, e na noite depois da fase da lua ter mudado. Para as luas crescente ou minguante, você pode fazer isso a qualquer momento durante as fases da lua em si. Considere adicionar uma pitada de sal ou um pedaço de cristal de quartzo. Algumas pessoas preferem adicionar seus óleos essenciais favoritos à água. Eu não faço isso nessa fase, pois os diferentes óleos têm conotações mágicas diferentes e meu objetivo é fazer uma água básica suficiente para qualquer trabalho mágico que eu queira realizar com Hécate.

Ao colocar a água para fora, peça a Hécate que a abençoe. Uma sugestão de encantamento poderia ser:

> Hécate, dona da noite,
> Beije essa água para o poder da magia.

Escolha a fase da lua em que você deseja usar a água da lua. Todas elas trarão os poderes de Hécate, mas certas luas são melhores para alguns trabalhos do que outras:

† Lua cheia: trabalho de conclusão, fertilidade, atração, clareza, revelação de verdades, orientação.

- † Lua crescente: crescimento, abundância, foco, impulso, cura através da força de coleta.
- † Lua minguante: banimento, remoção, separação, liberação, cura através da rendição.
- † Lua negra (lua nova): sigilo, proteção, trabalho de maldição, amarrações.

Faça uma oferta a Hécate a cada noite que você energizar a água da lua.

Feitiço da lua cheia: para o poder mágico geral, guiado por Hécate

Para as duas noites anteriores e a noite de lua cheia, faça um banho ritual que inclua água de lua cheia. Se você puder ficar totalmente nua ao ar livre durante a noite, é o ideal. Se não puder, você poderá fazer esse trabalho no chuveiro, sem problema. Se seu cabelo for longo, certifique-se de que ele não esteja preso (sem rabo de cavalo, coque ou similares).

Cubra-se com a água. Emita três uivos. Depois fique em silêncio por um tempo enquanto deixa o ar secar a água em sua pele. Envolva os poderes da lua e de Hécate infiltrados em seus poros.

Quando tiver concluído o trabalho, vista-se com roupas limpas e simples, e faça uma oferenda luxuosa a Hécate – pode ser com vinho, leite morno ou carne de cordeiro.

Feitiço da lua minguante: um ritual de purificação de Hécate

Se você sente que a negatividade está lhe cercando ou se sente como se a má sorte estivesse seguindo você, ou, ainda, sente que está com depressão há algum tempo e quer quebrar o fluxo de negatividade, este feitiço pode limpar e liberar essas coisas para que você possa seguir adiante com mais intenção e fluxo positivo.

Mergulhe três velas em vinho ou suco de uva e acenda-as. Usando água de lua minguante e um raminho de alecrim, molhe o raminho e passe-o em sua cabeça bem como ao longo de seus membros e tronco, em um movimento para fora ou para baixo, empurrando a negatividade para longe de você.

Feitiço da lua crescente: um ritual para promover a fertilidade

Usando água de lua crescente, faça um círculo em sua casa três vezes, três dias antes da lua cheia. Se tiver uma casa e um quintal, faça um círculo em torno do perímetro de sua propriedade. Se mora em um apartamento, você pode circundar o interior dele. Não deixe de aspergir água fora da porta da frente. Reserve uma xícara dessa água e adicione-a ao seu banho. Ao banhar-se com ela, imagine o que gostaria de trazer para a sua vida.

Feitiço da lua negra: um feitiço para afastar a inveja

Se outras pessoas invejarem você e lhe enviarem más vibrações ou, ainda, tratarem você mal porque querem o que você tem (ou o que eles pensam que você tem), o feitiço a seguir poderá lhe proteger dos efeitos prejudiciais das atitudes insensíveis.

Cave um buraco em sua propriedade. Se você mora em um apartamento, o terreno próximo ao seu prédio ou o parque mais perto também servirão. No buraco, polvilhe pimentas, alho e uma pequena porção de carne cozida, se puder (a melhor é de cordeiro). Inclua também uma teia de aranha ou um pedaço de hera, se encontrar uma. Se não conseguir encontrar nenhum dos dois, coloque um pedaço de fio de algodão emaranhado (certifique-se de usar produtos biodegradáveis) para representar uma teia de aranha, isso servirá.

Para essa oferenda, diga o seguinte:

Mãe Hécate, rainha da noite escura,
Que atrai as forças vistas e não vistas,
Cujo amargor e acidez assombram minhas reinvindicações,
Encontre e seja envolvida nesta teia e arranjo.

Enterre os itens, vire-se e caminhe até sua casa. Não se vire.

Logo após fazer isso, desenhe ou imprima uma imagem de um olho e pendure-o sobre sua cama ou em uma janela. Algumas lojas de artigos esotéricos podem ter pingentes contra mau-olhado, que também são bastante bons. Isso garante que o negativismo não retorne.

Dois feitiços de amor com Hécate

Os feitiços de amor são controversos entre as Bruxas. Algumas pessoas acreditam que lançar um feitiço de amor interfere no livre-arbítrio de outra pessoa e é antiético. Outras consideram que são poucos os feitiços (se houver algum) que podem tirar o livre-arbítrio de alguém e que um feitiço de amor abre uma atração que já existe, mesmo que essa atração seja, inicialmente, apenas um fio. Eu sou da última escola de pensamento, embora minha tendência seja a de evitar fazer feitiços de amor. Eles raramente trazem os resultados que a Bruxa está procurando, pois as emoções humanas são uma coisa intrincada, levando a resultados muitas vezes complicados. Entretanto, conhecer meu marido foi o resultado de um feitiço de amor – um feitiço que eu lancei com a intenção de trazer o amor certo para mim, na forma de um companheiro de vida – e eu não poderia estar mais feliz com os resultados! Como em todos os feitiços, nenhum tipo específico de feitiço é objetivamente antiético. Alguns feitiços podem ser contra o conjunto de ética individual de uma Bruxa, e para algumas Bruxas, feitiços de amor são exatamente isso. Mas, particularmente, quando o sustento, o bem-estar ou o apoio de uma pessoa para seus filhos está vinculado ao retorno de um amante caprichoso, um feitiço de amor pode ser algo extremamente útil e ético. Os humanos em geral anseiam por companheirismo. Relacionamentos positivos e protetores são úteis ao nosso bem-estar. Pessoalmente, acredito que os feitiços de amor são uma maneira razoável de as Bruxas trazerem amor para suas vidas. Porém, assim como o namoro, o amor mágico proporciona muitos "oops!", momentos ao longo do caminho para encontrar o feitiço certo e, em última instância, a situação romântica certa. Se você lançar um feitiço, seja paciente e invoque seu melhor senso de humor.

Quer você opte ou não por lançar um feitiço de amor, convém saber que Hécate foi muitas vezes abordada para obter ajuda com amantes desobedientes, ou para atrair um novo. No ano 300 AEC, o poeta Teócrito descreveu um feitiço lançado por uma jovem mulher sobre seu amante negligente em um santuário de Hécate. Essa Bruxa em particular fez uma oferenda de folhas de louro, farinha de cevada, um boneco de cera (provavelmente de seu amado distante) e uma libação três vezes derramada sobre Hécate, entre outras coisas. Algumas das palavras podem ser encontradas no feitiço a seguir:[9]

Para trazer de volta a pessoa amada

Vá até uma encruzilhada com uma tigela de água salgada e um ramo de carvalho. Se você não puder ir a uma encruzilhada, esse trabalho pode ser feito dentro de casa, de preferência no vão da porta de entrada. Mergulhe o galho na água e

---

[9] Strelan. "Outside Are the Dogs and the Sorcerers", p. 153.

use-o para limpar-se, como se escovasse um fiapo com uma escova de rolo. A ideia é que você esteja removendo os obstáculos que mantêm o ser amado distante.

Reúna nove folhas de louro e coloque-as em uma panela ou caldeirão em seu altar de Hécate ou no espaço que você tem dedicado a ela. Pegue duas velas da mesma cor – branca, preta ou vermelha são preferidas para esse trabalho – e amarre-as com barbante de dois ou três fios (Algumas lojas de artigos esotéricos oferecem velas na forma de pessoas, geralmente homens ou mulheres, o que pode ser muito útil para lançar um feitiço se você ou o objeto de seu afeto se identificarem com um gênero específico. Se você ou o ser amado não se identificarem com um ou qualquer gênero, velas simples serão muito úteis. Basicamente, use duas velas que você sinta que representam melhor você e a pessoa que deseja atrair!). Se usar velas em forma humana, certifique-se de que elas estejam de frente uma para a outra. Esculpa suas iniciais na vela designada para você e as iniciais da pessoa amada na outra.

Acenda as folhas do louro, depois as velas e ofereça o seguinte encantamento a Hécate enquanto a fumaça das folhas sobe:

> Ela que faz até mesmo os cães tremerem,
> Em suas idas e vindas,
> Onde estes túmulos estão e o sangue vermelho vive,
> Que meu amor volte para casa, para mim.

Queime as velas diariamente até que elas tenham sido consumidas por completo. Não as queime sem supervisão, especialmente porque o barbante pode ser inflamável. Enterre os restos de cera sob a porta de sua casa. Se você mora em um apartamento ou não pode enterrá-las sob a porta, considere colocá-las em um vaso junto à porta.

Para atrair um novo amor

Este feitiço não vai funcionar se você o lançar sobre uma pessoa específica, mas sim se concentrar em trazer a melhor combinação de amor para você. Pode ser muito tentador focar em alguém por quem tenha uma grande paixão, mas os feitiços de amor são mais bem-sucedidos se você se concentrar na melhor combinação. A melhor combinação para você pode ser alguém que nunca conheceu ou que nunca realmente notou!

Coloque um pote de mel ou agave no peitoril de sua janela na noite anterior à lua cheia, na noite de lua cheia e na noite seguinte. Nessas noites, lance o feitiço abaixo sobre o pote:

> Como os mortais olham para a brilhante Selene,
> Que assim o amor olhe para mim.
> Brilhante portadora da tocha do céu escuro noturno,
> Traga meu amor até mim.

Misture uma colher cheia desse mel ou agave em sua água do banho todas as noites durante trinta noites. Certifique-se de fazer uma oferenda do mel todas as noites para

Hécate (uma colher pequena é suficiente). Reserve o restante do mel para usar como oferendas futuras a Hécate ou em feitiços nos quais você queira adoçar as coisas.

Para curar um coração partido

Este feitiço é o inverso do anterior. Ele pode funcionar curando qualquer relacionamento, romântico, platônico ou não, mas se o feitiço anterior se manifestar em um relacionamento que termine partindo seu coração, este será ainda mais importante.

Coloque nove dentes de alho no peitoril de sua janela na noite anterior, na noite de lua negra e na noite após a lua negra. Recite a frase a seguir sobre o alho a cada noite:

> Mãe das trevas, Hécate das profundezas,
> Cura meu coração ferido.
> Banqueteie-se com as minhas lágrimas.
> Onde há frio e escuridão em meu coração,
> permita que suas tochas ardentes o aqueçam de novo.

Mergulhe um dos dentes de alho em sua água do banho todas as noites, durante nove noites. Após o nono banho, pegue uma xícara da água e jogue-a na encruzilhada ou, melhor ainda, no cemitério. Lembre-se de não olhar para trás quando você for embora, dando aos espíritos e a Hécate espaço para retirar suas mágoas.

Para todos esses feitiços, a magia não é suficiente. Se você quiser que seu amor volte, certifique-se também de estar se esforçando para se tornar um(a) parceiro(a) melhor para quando o ser amado voltar. Se você está esperando conhecer alguém novo ou atrair uma pessoa (embora eu ainda recomende que não se concentre em uma única pessoa, mas sim em encontrar a pessoa *certa*), certifique-se de que você está saindo e se esforçando para conhecer pessoas. Se está tentando se curar de um coração partido, assegure-se de que está retirando ao máximo essa pessoa de sua vida. Isso inclui deixar de segui-la nas mídias sociais.

Feitiços para amaldiçoar ou frustrar

Amaldiçoar, o ato de usar magia para criar dano ou conflito para outra pessoa ou grupo de pessoas, é outra área da magia que convida à controvérsia. Quando comecei a praticar a Bruxaria, a maldição foi fortemente desencorajada. Nos últimos anos, como a Bruxaria tem sido ainda mais associada à luta contra pessoas ou sistemas opressivos, a maldição é, às vezes, considerada um ato de resistência e libertação. A meu ver, a maldição, como os feitiços de amor, tem seu lugar. Mas, como os feitiços de amor, as maldições também podem ser complicadas e imprevisíveis. No Capítulo 6, exploramos a necessidade de colocar a raiva em um lugar produtivo, lembrando que lançar uma maldição baseada em reação pode exigir muita limpeza mais tarde. Então, mais uma vez, você pode ter razões plenamente justificadas para lançar uma maldição, combatendo algo objetivamente prejudicial, não importa seu nível de intensidade emocional em torno do assunto.

Não cabe a mim dizer quando ou se alguém deve usar algum desses recursos mágicos. Mas, mesmo se você nunca lançou uma maldição em toda a sua vida, é bom que todas as Bruxas saibam, pelo menos, como fazê-lo. Você nunca sabe quando terá de revidar e as Bruxas que melhor podem contra-atacar as maldições também são as que sabem como lançá-las.

A maneira mais fácil de evocar Hécate em uma maldição é usar uma prática e um encantamento feito especialmente para ela. Um desses feitiços é o seguinte:

> Eu prendo a todos vocês no chumbo e na cera
> na água, no vinho, no fio mágico
> e na ociosidade e na obscuridade e na má reputação
> e na derrota e entre as tumbas.[10]

Ele pode ser escrito em um pedaço de papel biodegradável e enterrado ou deixado em um cemitério, escrito ao lado do nome da pessoa, organização ou situação que você deseja amaldiçoar. Quando possível, use a sepultura ou cemitério onde alguém que conhece está enterrado, ou então em um cemitério muito antigo que clame por atenção. Se você não tiver acesso a nenhum dos dois locais, deixar o papel de cabeça para baixo em um copo de água e colocar o copo em um altar dedicado a seus antepassados ou a Hécate, provavelmente, também funcionará.

---

[10] Jessica Laura Lamont. "A New Commercial Curse Tablet from Classical Athens", em: *Zeitschrift für Papyrologie und Epigraphik* 196 (2015), p. 173.

Feitiço para frustrar um opressor

A Magia sempre teve um papel de neutralizadora dos opressores. Seja um empregador instável, um proprietário vingativo ou uma pessoa de poder que abusa de sua posição, o feitiço a seguir desabilitará sua capacidade de prejudicar os outros.

Pegue uma representação da pessoa (uma foto da *internet* é sempre uma solução fácil). Envolva a imagem em lã (lã preta, se possível). Faça a seguinte oração sobre a imagem envolta:

Para que todos nós estejamos mais confiantes
na realização de nosso trabalho
Faça o líder do rebanho, o mais velho entre [suas] ovelhas,
tornar-se um cordeiro pela minha mão.

Enterre essa imagem no cemitério no dia da lua negra. Se você puder ir até o cemitério à noite, isso é ainda melhor, embora fazer o trabalho durante o dia seja uma boa opção.

Nota: Sempre que fizer trabalho no cemitério, deixe uma oferenda nos portões (moedas ou flores), e considere pegar qualquer detrito que você encontrar ao sair. Tenha cuidado para não perturbar nenhuma das sepulturas.

Feitiço para a proteção do lar

Lembre-se de que um dos papéis fundamentais mais antigos de Hécate era o de proteger a casa e o lar.

Um ritual muito antigo que pedia a Hécate essa proteção envolvia colocar pequenos bolos redondos com velas na encruzilhada, como um presente sagrado tanto para Hécate quanto para Ártemis. Essas oferendas eram feitas no trigésimo dia de cada mês, com a intenção não apenas de agradar as deusas, mas também de evitar que os espíritos invadissem uma casa.[11] Algumas vezes o ritual incluía um jantar com alho, ovos, tainha, ou itens que poderiam ser surpreendentes, tais como *katharmata* – sobras de mesa ou outros detritos consagrados a Hécate.[12] Essas oferendas e ritos estavam profundamente enraizados no coração das pessoas, tanto que a Igreja se viu tentando romper com essas práticas até o século XI EC.[13]

Considere fazer um ritual semelhante para Hécate. Deixar uma oferenda no trigésimo dia de cada mês não será apenas um bom método de proteção doméstica mágica, será também uma boa maneira de fortalecer sua conexão com Hécate. É por esse motivo que muitas Bruxas deixam estátuas de Hécate na porta de suas casas.

Ao fazer seu ritual de proteção a Hécate, acenda três velas ao redor da oferenda e diga o seguinte feitiço:

---

[11] L. R. Farnell. "Hekate's Cult", em: *The Goddess Hekate: Studies in Ancient Pagan and Christian Religion and Philosophy*, Vol. 1, Stephen Ronan (ed.) (Hastings, UK: Chthonios Books, 1992), p. 27.

[12] K. F. Smith. "Hekate's Suppers", em: *The Goddess Hekate: Studies in Ancient Pagan and Christian Religion and Philosophy*, Vol. 1, Stephen Ronan (ed.) (Hastings, UK: Chtho- nios Books, 1992), p. 59.

[13] Smith. "Hekate's Suppers", p. 61.

> Hécate, Kleidouchos,
> Gloriosa Guardiã das Chaves,
> Guardiã luminosa dos portais,
> Proteja esta casa do mal e da ameaça
> da carne, do espírito e da mente.
> Salve, Hécate, Guardiã das Chaves!

Proteção antes de viajar

Repita o feitiço acima antes de viajar, recitando a seguinte invocação:

> Hécate, Triforme,
> Luminosa Senhora das encruzilhadas,
> Proteja-me enquanto percorro essas estradas escuras.
> Proteja-me do mal e da ameaça
> da carne, do espírito e da mente.
> Salve, Hécate! Senhora dos três caminhos!

Quando viajar, procure por coisas que lembrem Hécate (sinais de chaves, imagens de cães ou estradas onde três caminhos se encontram) e ofereça uma invocação e agradecimento. Dizer a invocação acima é um bom caminho a ser seguido!

Abrindo-se para a sorte

Dedique uma chave a Hécate. Faça uma oferenda a ela no trigésimo dia de cada mês. Na noite em que fizer sua oferenda, deixe a chave por perto, talvez na base de uma imagem de Hécate ou em seu altar. Carregue essa chave com você regularmente em seu bolso, carteira ou bolsa, ou em uma corrente ao redor do pescoço.

Feitiço para dinheiro

O manjericão, uma das ervas sagradas de Hécate, também tem sua história como uma grande "planta de dinheiro". Se você conseguir obter óleo essencial de manjericão, adicione algumas gotas a um óleo básico (como azeite de oliva, mineral ou óleo de jojoba). Deixe a mistura no parapeito da janela da lua nova até a lua cheia. Cada noite, sussurre sobre o frasco de óleo:

> Que Hécate abra os portais
> Para minha riqueza e prosperidade
> Através de você, este óleo mágico.

Unte as mãos quando estiver fazendo negócios ou realizando uma entrevista de trabalho. Sempre que a magia se manifestar, faça uma oferenda a Hécate.

Nota: Não aplique óleos essenciais não diluídos em sua pele, nem os consuma. Mulheres grávidas ou amamentando devem consultar um médico antes de manipular qualquer óleo essencial.

Conclusão

Ela é uma mãe pássaro que empurrará você para fora do ninho, fazendo com que encontre suas asas e voe. No entanto, sem que você saiba, ela voou por baixo para pegar você, caso caísse. Como uma ave, Hécate é uma Bruxa porque ela tem acesso a todos os reinos... acima, abaixo e no entremeio.

– Maria Palma-Drexler, devota moderna de Hécate

A Bruxaria é difícil. E é provavelmente isso o que se espera. Quando ouvia pessoas, na maioria não Bruxas e muito tensas, se referirem à Bruxaria como um caminho sombrio, eu costumava negar. Agora, eu sei que é verdade. Mas não é um caminho sombrio porque é maligno. É sombrio porque, ao contrário de outros caminhos espirituais com livros, credos e expectativas, que funcionam como estradas com boa iluminação, placas e *outdoors*, a Bruxaria é um caminho não iluminado, que atravessa uma floresta densa. Às vezes, podemos seguir um caminho que outra pessoa forjou para nós, mas o caminho é, em grande parte iluminado pela intuição e por uma voz muito baixa, que gentilmente nos impele a seguir em frente. Mas haverá momentos em que essa intuição é instável e a voz silencia.

Quando deixei a religião de minha juventude e abracei a Bruxaria, pensei ter encontrado "a resposta". A Bruxaria era minha plataforma de aterrissagem, meu destino final. Senti que tê-la era uma resposta a todas as minhas necessidades: agora que havia descoberto no que acreditava espiritualmente, podia seguir em frente com minha vida e nunca mais me questionar! O que eu não li em nenhum livro e nem ouvi em nenhuma conversa durante os eventos é que uma crise de fé também pode acontecer com as Bruxas. Há momentos em que sentimos que os deuses estão distantes. Passamos por períodos em que o mundo não parece mágico. Podemos nos perguntar por que começamos essa jornada. Podemos nos deter e olhar para outros caminhos, pensando que talvez tenhamos chegado a um beco sem saída.

Pelo menos, era lá que eu estava. Eu até me vi observando com atenção a religião de minha juventude. Posso não concordar com toda a teologia ou linha política, e posso achar tudo isso totalmente constrangedor, mas pelo menos encontrei respostas... certo? Na maioria das vezes, eu estava cansada demais. No entanto, assim como os bons amigos nos erguem quando estamos cansados, os deuses também nos apoiam quando precisamos deles. Uma noite, ao final da redação deste livro, Hécate me fez uma visita.

Um bom amigo me telefonou pedindo ajuda com uma situação aparentemente impossível. Meu marido perguntou se podíamos fazer magia para esse amigo. Sentindo-me cansada e momentaneamente sem magia, eu me obriguei a fazer um favor. Elaboramos um feitiço que seria útil para aquela situação. Não pensei muito sobre se funcionaria, mas eu queria fazer algo agradável para ele. Talvez isso o colocasse em um estado de espírito diferente para que pudesse lidar e navegar melhor por aquela situação, com mais propriedade – um placebo mágico é melhor do que nada.

Começamos com um ritual para Hécate, visitando a encruzilhada perto de nossa casa a cada noite, por volta da meia-noite, nas três noites que circundam a lua nova. Nós abençoamos e acendemos algumas velas, e rezamos tanto para Hécate quanto para nossos antepassados em homenagem a nosso amigo. Continuamos vivenciando nosso cotidiano e não pensamos mais sobre isso.

Exatamente nove dias depois, meu marido recebeu uma ligação de nosso amigo. A situação que o havia dominado já tinha desaparecido, virado cinzas. Tudo desapareceu. Não havia mais a necessidade de acalmar os nervos de nosso amigo para que ele pudesse enfrentar melhor a situação. Não havia mais nenhuma situação a ser enfrentada. Nosso amigo ficou chocado e assustado, pois foi sua primeira experiência com a Bruxaria. Meu marido e eu também ficamos atordoados.

Quando soube da notícia, caí na gargalhada. Perguntei-me de repente por que as Bruxas não se limitam a rir: elas gargalham. Não é porque estamos rindo de algo dramático ou assustador; rimos por causa da alegria de saber que os deuses e os espíritos podem nos ouvir bem como que eles atendem, muitas vezes, de maneiras bastante surpreendentes.

Espero que Hécate seja essa guia para você. Espero que ela ilumine seu caminho quando for difícil ver a trilha a seguir. Espero que ela destranque a porta para seu mais poderoso "eu" Bruxa, que proteja você com seus cães de caça, ajude a fazer as pazes com seus fantasmas mais problemáticos. Acima de tudo, espero que ela lhe pareça tão gentil e amorosa quanto ela me pareceu, e que este livro ajude a responder pelo menos a algumas de suas perguntas sobre ela e sobre seu caminho como Bruxa.

Obrigada pela leitura. Que sua magia seja generosa e abençoada.

Agradecimentos

Eu não teria conseguido concluir este livro sem a ajuda das seguintes pessoas: Judika Illes e a equipe da Weiser Books, obrigada por mais uma vez me concederem essa bela oportunidade.

Agradeço a Jené Ashley Colvin, Lisa Anderson e a toda a equipe do Cauldron Squad pelas leituras de Tarô, amor e incentivo para tornar este livro possível.

Caitlin Abdow, Maleaha Davenport, Alanna Butler Gallagher, Gypsy Jean Cottam, Adam Forrest, Frederick Joseph, Elizabeth LaBarca, Gemma McGowan, Angelo Narcios, Christopher Penczak, "Mr. Tibbles", Misha Magdelene, Tamara Sulc, Laura Tempest Zakroff, as Noviças dos Caminhos Antigos (Old Ways) e os membros do antigo Templo Lunar, obrigada por seus recursos, apoio, gentileza e paciência.

Sarah Bitner, Thorne Davis, Maria Palma-Drexler, Tamrha Richardson e Wilson Joel Rios: obrigada por compartilharem tão graciosamente suas experiências e conhecimentos sobre Hécate e outros recursos.

Obrigada à minha querida família: os Weber, os Gordon e os Hoover. Por fim, agradeço ao meu amado marido, Brian – o maior presente que a magia já me proporcionou.

Referências Bibliográficas

Armand, Khi. *Deliverance! Hoodoo Spells of Uncrossing, Healing, and Protection.* Forestville, CA: Missionary Independent Spiritual Church, 2015.

Avalon, Annwyn. *Water Witchcraft: Magic and Lore from the Celtic Tradition.* Newburyport, MA: Weiser Books, 2019.

Behari, Jerusha. "Ambivalent Goddesses in Patriarchies: A Comparative Study of Hekate in Ancient Greek and Roman Religion, and Kali in Contemporary Hinduism." Dissertação de mestrado, University of KwaZulu-Natal, 2011. Disponível em: researchspace.ukzn.ac.za

Betz, H.D. *The Greek Magical Papyri in Translation: Including the Demotic Spells,* 2ª ed. Chicago: Universidade de Chicago, 1992.

Blackthorn, Amy. *Sacred Smoke: Clear Away Negative Energies and Purify Body, Mind, and Spirit.* Newburyport, MA: Weiser Books, 2019.

Bolen, Jean Shinoda. *Goddesses in Everywoman: Powerful Archetypes in Women's Lives.* Nova York: Harper and Row, 1984.

Braund, David. *Greek Religion and Cults in the Black Sea Region: Goddesses in the Bosporan Kingdom from the Archaic Period to the Byzantine Era.* Cambridge, UK: Cambridge University Press, 2018.

Butler, Edward P. "Flower of Fire: Hekate in the Chaldean Oracles", in *Bearing Torches: A Devotional Anthology for Hekate,* organizado por Sannion e Bibliotheca Alexandrina. Eugene, OR: Bibliotheca Alexandrina, 2009, pp. 140-57.

Coen, Mary Elizabeth. "The Triple Goddess Myth." Goddess Meca, 9 de setembro, 2013. Disponível em: www.goddessmeca.com

Coleridge, Edward P. *The Plays of Euripides,* Vol. 1. Londres: George Bell and Sons, 1906.

Collins, Derek. *Magic in the Ancient Greek World.* Malden, MA: Blackwell Publishing, 2018.

Conner, Randy P. "Come, Hekate, I Call You to My Sacred Chants." Disponível em: www.academia.edu

Cousland, J. R. C. "The Much Suffering Eye in Antioch's House of the Evil Eye: Is It Mithraic?" *Religious Studies and Theology 24,* nº 1 (2005): 61-74.

Crowley, Aleister. *Moonchild.* Nova York: Red Wheel Weiser, 1970.

de Lancre, Pierre. *On the Inconstancy of Witches: Pierre de Lancre's Tableau de l'inconstance des mauvais anges et demons* (1612). Gerhild Scholz Williams *et al.* (org. e trad.) Tempe: Arizona Center for Medieval and Renaissance Studies, 2006.

d'Este, Sorita; Rankine, David. *Hekate Liminal Rites: A Study of the Rituals, Magic and Symbols of the Torch-Bearing Triple Goddess of the Crossroads*. Londres: Avalonia, 2009.

Farnell, L. R. "Hekate's Cult", *in* Ronan, Stephen, org. *The Goddess Hekate: Studies in Ancient Pagan and Christian Religions and Philosophy*, Vol. 1. Hastings, UK: Chthonios Books, 1992, pp. 17-35.

Farnell, L. R. "Hekate in Art", *in* Ronan, Stephen, ed. *The Goddess Hekate: Studies in Ancient Pagan and Christian Religion and Philosophy*, Vol. 1. Hastings, UK: Chthonios Books, 1992, pp. 36-56.

Farrar, Janet; Bone, Gavin. *Lifting the Veil: A Witches' Guide to Trance-Prophesy, Drawing Down the Moon, and Ecstatic Ritual*. Portland, OR: Acorn Guild Press, 2016.

Forrest, Adam. "The Orphic Hymn to Hekatê." Hermetic Fellowship, última atualização em 22 de setembro, 1998. Disponível em: www.hermeticfellowship.org

Georgieff, Dimitar Vasilev. "About Melinoe and Hekate Trimorphis in the Bronze Tablet from the Town of Pergamon." Disponível em: www.academia.edu

Graf, Fritz; Johnston, Sarah Iles. *Ritual Texts for the Afterlife: Orpheus and the Bacchic Gold Tablets*. Nova York: Routledge, 2013.

Guthrie, W. K. C. *The Greeks and Their Gods*. Boston: Beacon Press, 1950.

Harvey, William James. "Reflections on the Enigmatic Goddess: The Origins of Hekate and the Development of Her Character to the End of the Fifth Century B.C." Dissertação de Mestrado, University of Otago, 2013. Disponível em: ourarchive.otago.ac.nz

Heinemann, W. *Aeschylus in Two Volumes*, Vol. 1. Londres: William Heinemann, 1922.

Hesiod. *Hesiod, the Homeric Hymns, and Homerica*. Traduzido por Hugh G. Evelyn-White. Nova York: Macmillan, 1914.

Hollmann, Alexander. "A Curse Tablet from the Circus at Antioch." *Zeitschrift für Papyrologie und Epigraphik* 145 (2003): 67-82.

Johnston, Sarah Iles. "Crossroads", ZPE 88, 1991. Disponível em: www.uni-koeln.de

Johnston, Sarah Iles. *Hekate Soteira: A Study of Hekate's Roles in the Chaldean Oracles and Related Literature*. Atlanta, GA: Scholars Press, 1990.

Johnston, Sarah Iles. *Restless Dead: Encounters Between the Living and the Dead in Ancient Greece*. Oakland: University of California Press, 1999.

Johnston, Sarah Iles. "Riders in the Sky: Cavalier Gods and Theurgic Salvation in the Second Century, A.D." *Classical Philology* 87, nº 2 (1992): 303-21.

Karouzou, Semni. "An Underworld Scene on a Black-Figured Lekythos." *The Journal of Hellenic Studies* 92 (1972): 64-73.

Lamont, Jessica Laura. "A New Commercial Curse Tablet from Classical Athens." *Zeitschrift für Papyrologie und Epigraphik* 196 (2015): 159-74.

Lowe, J. E. "Magical Hekate", *in* Ronan, Stephen, ed. *The Goddess Hekate: Studies in Ancient Pagan and Christian Religion and Philosophy*, Vol. 1. Hastings, UK: Chthonios Books, 1992, pp. 11-6.

Luck, Georg (trad.) *Arcana Mundi: Magic and the Occult in the Greek and Roman Worlds*. Baltimore, MD: Johns Hopkins University Press, 1985.

Marler, Joan. "An Archaeomythological Investigation of the Gorgon." *ReVision* 25, nº 1 (2002): 15-23.

Mastrocinque, Attilio. *Kronos, Shiva, & Asklepios: Studies in Magical Gems and Religions of the Roman Empire*. Filadélfia: American Philosophical Society, 2011.

Miles, Geoffrey. "Ramfeezled Hizzies and Arachnoid Hags: Baxter, Burns, and the Muse." *Journal of New Zealand Literature* 30 (2012): 74-97.

Miller, Colin. "The Imperial Cult in the Pauline Cities of Asia Minor and Greece." *Catholic Biblical Quarterly* 72, nº 2 (2010): 314-32.

Mooney, Carol M. "Hekate: Her Role and Character in Greek Literature from before the Fifth Century B.C." Dissertação de mestrado., McMaster University, 1971. Disponível em: macsphere.mcmaster.ca

Nagy, Gregory (trad.) "Homeric Hymn to Demeter". Disponível em: www.uh.edu

Nilsson, Martin P. *Greek Folk Religion*. Nova York: Columbia University Press, 1971.

Nixon, Shelly M. "Hekate: Bringer of Light." *California Institute of Integral Studies*, 2013. Disponível em: www.researchgate.net

Ogden, Daniel. *Magic, Witchcraft, and Ghosts in the Greek and Roman Worlds*. Nova York: Oxford University Press, 2002.

Pachoumi, Eleni. *The Concepts of the Divine in the Greek Magical Papyri*. Tubingen, Germany: Mohr Siebeck, 2017.

Penman, Elicia Ann. "'Toil and Trouble': Changes of Imagery to Hekate and Medea in Ovid's Metamorphoses." Trabalho de

Conclusão de Curso (Bacharelado), Universidade de Queensland, 2014. Disponível em: www.academia.edu

Penzcak, Christopher. *The Mighty Dead*. Salem, NH: Copper Cauldron Publishing, 2013.

Pollard, John. *Seers, Shrines, and Sirens: The Greek Religious Revolution in the Sixth Century B.C.* Londres: Unwin University Books, 1965.

Price, Simon. *Religions of the Ancient Greeks*. Cambridge, UK: Cambridge University Press, 2006.

Rabinowitz, Jacob. *The Rotting Goddess: The Origin of the Witch in Classical Antiquity*. Brooklyn, NY: Autonomedia, 1998.

Ellis, Luke (dir.) *The Real Story of Halloween*. A&E, 2010.

Reed, Theresa. *Astrology for Real Life: A Workbook for Beginners*. Newburyport, MA: Weiser Books, 2019.

Rhodios, Apollonios. *The Argonautika*. Peter Green (trad.). Berkeley: University of California Press, 2008.

Rhodius, Appollonius. *Argonautica*. R. C. Seaton. Theoi Project, 2017. Disponível em: www.theoi.com

Ronan, Stephen, org. *The Goddess Hekate: Studies in Ancient Pagan and Christian Religion and Philosophy*, Vol. 1. Hastings, UK: Chthonios Books, 1992.

Seneca. *Medea*. Traduzido por Frederick Ahl. Ithaca, NY: Cornell University Press, 1986.

Shakespeare, William. *Macbeth*. Oxford, UK: Oxford University Press, 2009.

Smith, K. F. "Hekate's Suppers", em Ronan, Stephen (org.) *The Goddess Hekate: Studies in Ancient Pagan and Christian Religion and Philosophy*, Vol. 1. Hastings, UK: Chthonios Books, 1992, pp. 57-64.

Smith, Kathryn M. "Hekate: A Symbol of the Dangers of Feminine Knowledge in Euripides." Dissertação de Mestrado, University of Kansas, 2016. Disponível em: kuscholarworks.ku.edu

Smith, William (org.) *Dictionary of Greek and Roman Biography and Mythology*, Vol. 2. Londres: John Murray, Albemare Street. 1890.

Smyth, Herbert Weir (trad.) *Aeschylus in Two Volumes*, Vol. 1. Londres: William Heinemann, 1922.

Strelan, Rick. "Outside Are the Dogs and the Sorcerers' (Revelation 22:15)." Biblical *Theology Bulletin 33*, nº 4 (novembro de 2003): 148-57.

Spretnak, Charlene. *Lost Goddesses of Early Greece: A Collection of Pre-Hellenic Myths*. Boston: Beacon Press, 1992.

Thomsen, Marie-Louise. "Witchcraft and Magic in Ancient Mesopotamia." In Witchcraft and Magic in Europe, Vol. 1, Bengt Ankarloo; Stuart Clark (orgs.). Filadélfia: University of Pennsylvania Press, 2001.

Von Rudloff, Robert. *Hekate in Ancient Greek Religion*. Victoria, BC: Horned Owl Publishing, 1999.

Ward, Tim. "Hekate at Lagina and Çatalhöyük", em *Bearing Torches:* A Devotional Anthology for Hekate, Sannion (trad. e org.) board of the Bibliotheca Alexandrina. Eugene, OR: Bibliotheca Alexandrina, 2009, pp. 84-96.